《岭南文化书系》编委会名单

《客家文化丛书》编委会名单

岭南文化书系

客家文化丛书

客家侨商

魏明枢　韩小林　著

暨南大学出版社

JINAN UNIVERSITY PRESS

中国·广州

图书在版编目（CIP）数据

客家侨商/魏明枢，韩小林著. —广州：暨南大学出版社，2015.7
（岭南文化书系·客家文化丛书）
ISBN 978 - 7 - 5668 - 1485 - 2

Ⅰ. ①客…　Ⅱ. ①魏…②韩…　Ⅲ. ①客家人—华侨—商人—研究
Ⅳ. ①K825.38

中国版本图书馆 CIP 数据核字（2015）第 136281 号

出版发行：暨南大学出版社

出 版 人：徐义雄
责任编辑：张学颖
责任校对：郑晓玲

地　　址：中国广州暨南大学
电　　话：总编室（8620）85221601
　　　　　营销部（8620）85225284　85228291　85228292（邮购）
传　　真：（8620）85221583（办公室）　85223774（营销部）
邮　　编：510630
网　　址：http://www.jnupress.com　http://press.jnu.edu.cn

排　　版：广州市天河星辰文化发展部照排中心
印　　刷：深圳市新联美术印刷有限公司

开　　本：787mm×1092mm　1/16
印　　张：10.5
字　　数：164 千
版　　次：2015 年 7 月第 1 版
印　　次：2015 年 7 月第 1 次

定　　价：45.00 元

岭南文化书系·前言

　　五岭以南，素称岭南，岭南文化即岭南地区的人民千百年来形成的具有鲜明特色和绵长传统的地域文化，是中华文化的重要组成部分。由于偏处一隅，岭南文化在秦汉以前基本上处于自我发展的阶段，秦汉以后与中原文化的交流日益频繁。明清以至近代，域外文化不断传入，西学东渐，岭南已经成为传播和弘扬东西方文明的开路先锋，涌现出了如陈白沙、梁廷枏、黄遵宪、康有为、梁启超、孙中山等一大批时代的佼佼者。在20世纪70年代末开始的改革开放的浪潮中，岭南再一次成为试验田和桥头堡，在全国独领风骚。

　　在漫长的发展过程中，岭南文化形成了兼容、务实、开放、创新等诸多特征，为古老的中华文化的丰富和重构提供了多样态的个性元素和充沛的生命能量。就地域而言，岭南文化大体分为广东文化、桂系文化、海南文化三大板块，而以属于广东文化的广府文化、潮汕文化、客家文化为核心和主体。为了响应广东省委、省政府建设文化大省的号召，总结岭南文化的优良传统，促进岭南文化研究和传播的繁荣，在广东省委宣传部的指导和大力支持下，暨南大学出版社组织省内高等院校和科研机构的专家学者编写了这套《岭南文化书系》，该书系由《广府文化丛书》、《潮汕文化丛书》及《客家文化丛书》三大丛书共30种读本组成，历史胜迹、民居建筑、地方先贤、方言词曲、工艺美术、饮食风尚无所不有，试图从地域分类的角度完整展现岭南文化的风貌和精髓。在编写过程中，我们力图做到阐述对象的个性与共性相统一，学术性与通俗性相结合，图文并茂，雅俗共赏。我们希望这 30 种图书能够成为介绍和宣传岭南文化的名片，为岭南经济和文化建设的再次腾飞提供可资借鉴的精神资源。

需要说明的是，本书系曾获批为 2009 年度"广东省文化产业发展专项资金"资助项目，在项目申报和丛书编写过程中，广东省委宣传部的领导多次给予指导，并提出了许多宝贵的意见；中山大学、华南理工大学、华南师范大学、广州大学、韩山师范学院、佛山科学技术学院、韶关学院、嘉应学院以及暨南大学的有关领导和专家学者也给予了大力支持和帮助，在此我们一并致以诚挚的谢意！

《岭南文化书系》编委会

2011 年 6 月 18 日

客家文化丛书·序

　　在岭南三大民系中，"客家"被称为汉民族中的"吉普赛"。晚清诗人黄遵宪对此曾作过诗意表达："筚路桃弧辗转迁，南来远过一千年。"在岭南，相对于位居邻海平原的潮汕民系、坐拥肥沃三角洲的广府民系，客家民系就没那么得天独厚了，它们大都盘踞在山区丘陵乃至层峦叠嶂之中，所谓"逢山必有客，无客不住山"。而从民系的历史文化与语言风俗看，客家民系也与它们明显不同。客家学界有"大中华，小客家"的说法，其中强调的是作为民系及其历史和文化的客家与华夏民族及其文明的传承关系。诚如黄遵宪所吟诵的："方言足证中原韵，礼俗犹存三代前。"

　　近三十年来，由于各种原因，在中国内地曾经一度沉寂的"客家"不断受到热捧，并涌现出大量的文章著作。但是，由于各自著述的动机与立场不一，加之学风机巧浮躁，致使本来对"客家"有些陌生的外界因此更加模糊。这种情形，一方面说明丛书编撰的重要性与迫切性，另一方面也为我们的工作增加了一定的难度。基于这一背景，为了保证丛书的质量，我们组织了一批不乏高度与视野，同时又对各自负责的选题有一定积累和研究，且能够充分体现嘉应学院在客家研究领域的水平与影响的作者阵容。对于丛书选题的提炼，则在避免每个选题之间简单重复与拼凑的同时，更多地考虑这些选题之间的内在关联及其对客家历史人文整体风貌的不同侧面展示，尽量覆盖客家的语言风俗、文化教育、山水自然、村落民居、饮食习俗、民间文艺、侨人侨商、足球体技等物质文化与非物质文化领域，并注意在内容展开过程中引带出能够体现客家历史人文内涵的标志性人物、事件和物象。同时，考虑到丛书的阅读对象与传播影响，在编撰风格上，我们力求雅俗共赏，介绍性文字简洁、通俗但不失生动，延展提升性文字具有一定的内涵。

丛书的出版，除了要感谢各选题作者付出的辛勤劳动，嘉应学院科研处、文学院（客家学院）、客家研究院等单位的关心和支持外，还要感谢广东省社会科学界联合会林有能副主席、暨南大学出版社徐义雄社长的理解和信任，特别是出版社史小军总编辑、李艺主任在编撰过程中提出的宝贵意见和建议。

邱国锋　曾令存
2015 年 5 月 30 日于梅州

目 录

岭南文化书系

客家侨商

一　客家侨商及其历史故事

　　讲述客家侨商的历史故事，感悟客家侨商的人生智慧，品味客家侨商创业的酸甜苦辣，解读客家侨商的历史发展，这就是本书的主题。讲述一群人或者一类人的故事，首先必须对他们有足够的尊重；讲述这群人和这类人的历史故事，还必须足够严谨。尊重前人，尊重历史，这是讲述历史故事必须遵循的基本原则。因此，在进入主题之前，有必要先交代一些相关的问题，作为讲故事的背景材料。

（一）"客家侨商"的内涵

　　"客家侨商"有其特定的内涵。这是由几个概念叠加而成的词，包含了几个层次的含义。

客家方言分布（资料片）

其一是指客家。客家是一个族群概念，如何界定会有不同的标准。一般来说，客家人的基本特征是讲客家话、有客家意识等等。作为族群的客家，其居住地自然不会局限于某个行政区域。潮人与客人之间便多有交集。比如，大埔县以及梅县、蕉岭、平远都曾经长期属于潮州府管辖范围，张弼士既是大埔客家人，亦属于潮人，林济在《潮商》一书中便将张弼士视作潮商之典型。但是，张弼士毫无疑问又是客商的典范。在水运的年代里，地处韩江上游的闽西和梅州客家人在出洋过番时，自然是多从汕头港出去的。事实上，华侨也将汕头视为一个重要港口，许多有钱的客家侨商都在汕头置有大量的资产，大埔、丰顺客家人更是将潮州视作本地。同样，客家不局限于某一个国家，因为客家早已经是世界性的民系了，是许多国家和地区的重要组成部分。

其二是指华侨。华侨一词产生于晚清，是对生活在国外的中国人的称呼。当然，华侨是个历史概念。中国文化一向坚持男性血统主义，在过去，凡中国男性的子女都被称为中国人，生活在国外者就被称为华侨。1910年，清政府制定国籍法，依然坚持这种主张，这就与西方许多国家的属地主义原则相冲突，以致许多华侨事实上都有中国和侨居国的双重国籍。1955年，万隆会议召开后，中华人民共和国不再承认双重国籍，而是鼓励华侨落地生根，入侨居地国籍，成为侨居地的新国民。此后，华侨仅指生活在外国的具有中国国籍者。

其三是指商人。商，曾经是河名，即今河南省的漳河，建立商朝的商族人曾经居住于此。商族人是非常善于经商的一个族群。武王灭亡商后，周公旦改商河为漳河，且集中管束商朝遗民，只许其经商，称他们为"商人"，含有低贱和轻视之意。后来，商人一词逐渐成为专门从事水陆运输和商品流通与交换的买卖人的代称。显然，商人一词从一开始便有"贱民"的含义。秦汉以后，中国历代都实行重农抑商政策，民分士、农、工、商四等的思想长期占统治地位，深入人心。在传统农耕社会里，商人的基本形象就是"重利"，他们以低价购入货物，再高价销售以获利，无商不奸的理念亦深入人心，且认为商业行为并无实际产出。在中国近代史的范畴里，商人则不仅指在市场里从事商品交换的人，而且泛指一切从事农业生产之外的手工业者，包含了所有从事近代实业的资本家和企业家。在西方坚船利炮的打击下，重商思想开始形成，到20世纪初，张弼士甚至发出"唯赖于商"

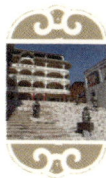

的口号。因此，商人亦有其特定的历史意蕴。

其四是华商。在晚清，华侨商人多被简称为侨商，亦有称之为华商，但华商是相对于外商而言，其意义更加宽泛。自清末民初之后，华侨和侨眷、侨属的日子相对富裕，能够建豪华住宅，在国内许多人看来，许多华侨都在做生意。能够过番去又回家来的华侨多开店做生意，这也使华侨都被视为"金山客"，被认为个个"番客"（归侨）都是有钱人，所有到国外去打工谋生者也都被当成华商。张弼士在给慈禧太后的《招商兴办工艺、雇募工役议》的商务条陈中还就此加以申辩：南洋华侨总数有 500 多万，但他们因在家完全没办法生存，才迫不得已冒险过番去，其目的只不过是为了谋生而已，他们并非都是去经商的，绝大多数华侨都只是为人打工，以出卖体力求谋生而已，并非真正有钱的商人。

联芳楼（意指"五叶联芳华"）
（魏明枢 摄）

联芳楼位于梅州市梅江区西阳镇白宫新联村，是一座中西合璧式的二层客家民居，旅印尼侨商丘麟祥、丘星祥兄弟等耗资 24 万大洋，1931 年动工兴建，1934 年竣工。

2009 年在梅州召开的世界客商大会会场（资料片）

2013 年世界客商大会会徽

其五是客商。客家究竟从何时开始，客家人经商的历史究竟有多长，这些都是不容易回答的问题。传统中国重农抑商，经商并非中国大多数地区和大多数民众所从事的事业。与其他许多区域的中国民众一样，客家人也安土重迁，以耕读传家为最高的人生境界。在宋元之前很长的历史时期里，客都梅州都属于落后地区，人少地多，直到明朝才开始发展。在长期的耕读社会里，客家地区并未出现著名的商人。

其六是客家侨商。直到世界历史进入到近代，在地理大发现和大航海时代的背景下，在西南太平洋逐渐兴起了一个局部的世界性市场，欧洲人、中国人都来此经商。这时的中国不再仅仅存在朝贡贸易，而且有寻常百姓开始突破明清政府的朝贡贸易以及海禁政策，参与到世界性市场中，成为中国民间外贸从业者。就在这个历史进程中，许多客家人在南洋努力打拼、创业，客家商帮开始兴起。从明末的张琏到清中期的罗芳伯、谢清高，再到晚清的郑景贵、张弼士、张榕轩、张耀轩和胡国廉，民国时期的胡文虎、谢枢泗，到当代的丁家骏、曾宪梓、田家炳、郭鹤年等等，客家侨商一脉相承，生生不息。客家商人以海外创业为主体，客家侨商成为客商的核心。

有人提出，侨商要以潮汕侨商为典型。潮汕侨商的历史地位自然是不可忽视的，其影响也是巨大的。但是，潮侨商人与客侨商人之间多有交集，且各有特征。广东有三大族群，即广府人、客家人和潮汕人，这三大族群也形成了三大华侨群体，其各自的特征，在历史上便有人概括说，"客家人开埠，广府人旺埠，潮汕人占埠"，其中突出强调了客家人的艰苦创业精神，广府人的商业能力，潮汕人的族情凝聚。客家华侨突出的创业精神，体现在他们不怕暴力，勇于开拓，筚路蓝缕，其目的只是要创造一个和谐的生存空间，各族和睦地共同生活。总之，客家华侨是影响中国和世界历史发展的重要群体。作为广东三大族群之一的客家有其确定的地域空间，但作为广义的客家，却突破了省界和国界。

（二）客家侨商历史故事的讲述

客家侨商有其突出的特征和深厚的内涵，是近代客家社会发展的重要后盾，也是中国近代历史发展的重要动力之一，有其突出的历史地位，这是探讨客家侨商群体的前提和立论的基础。

讲述客家侨商的故事，必须充分重视其特定的活动空间和时代背景。客家侨商的历史故事大概包含冒险过番、海外创业和回馈社会等方面的内容。"阿哥过番去谋生"，这是客家侨商出洋过番的基本背景；"过到番邦更加难"，这是客家侨商在海外打拼的成长经历；"海外赤子谋报国"，则揭示了客家侨商与侨乡和祖国的基本联系。近代世界的一体化发展，中国政治的落后与腐败、经济的贫困化，推动着国人走向海外谋生。但客家人离乡不离家，家是永恒的，他们无奈地过番去，心却一直牵挂着侨乡的家。

　　将客家华侨和客家商人作为一体进行探讨与介绍，乃是客家侨乡社会的内在特征使然。其一，华侨文化是客家文化的重要组成部分，不可或缺。近代以来，华侨是梅州、惠州以及闽西等客家地区重要的历史现象，华侨与客家是紧密相关的，与客家人的生活息息相关。其二，客家商人曾经长期以侨商为主体。在客家地区的发展史上，客家侨商的贡献是独特的、突出的，深入到客家社会生活的方方面面，他们是影响客家社会最突出的一群，不可替代。

　　讲述客家侨商的故事，要力求整体上能够比较全面、深入地展示客家民系文化丰富而又独特的内涵。为体现编纂创意，本书依托张弼士这一标识性的客家侨商，以之为一种意象，希望由此展开关于客家侨商历史文化内涵的介绍。事实上，客家侨商不仅是杰出侨商，而且包括普罗大众。毫无疑问，侨商大多是从事小本生意者，大侨商却是从千千万万小侨商中涌现出来的杰出人物，是那些取得成功的幸运儿。他们努力奋斗的身影，是许许多多过番华侨的缩影。从他们的履历中，可以捕捉到许多具体的历史信息，给人启迪，给人智慧，给人力量，催人反思，促人上进。杰出侨商有其重要的标志性地位，自然需要给予更多的关注。

　　客家华侨是华侨史上的重要群体，对其的研究和介绍已有很多。在闽西和梅州等地都曾经有相关的刊物。比如，梅州有《梅州侨史》、《侨乡月报》、《侨声》以及各县侨务部门所编的刊物。在20世纪90年代，梅州各县大多编纂过当地的华侨志。所有这些都是研究客家侨商的重要参考资料。与此同时，侨商研究需要挖掘更多的材料，这需要更多地进行田野调研，必须深入乡村，也要到海外各地去感受。近

年来，客家商帮的研究也迅速崛起，得到了学界和政界的高度关注。政界希望以此加强招商引资，学界则顺势加强商史和侨史的研究，重要的成果有：梅州市政府主持编撰的《客商》、谭元亨著的《广东客商》和阎恩虎著的《客商》。对张弼士、张榕轩等客家侨商都已经有了比较深入的研究。总的来看，对于客家侨商的研究只是一种前奏，虽切实起到了提倡和引导的作用，但其学术研究仍亟须更进一步。

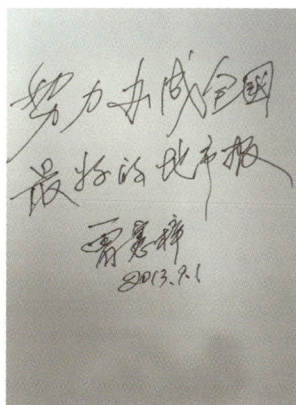

曾宪梓博士为《梅州日报》和《客商》杂志题词（资料片）

客家侨商故事的讲述有其特定的困难。其一，商人在过去并未受到足够的重视，中国社会重农抑商的传统，特别是全能型政府带来的官本位文化，对于商人地位的严重压制，使商人即使由微而入显，也仍然不足以引起足够的重视，许多文献资料和档案早已经佚失不存。大多数侨商的信息都已经在历史长河中被淹没得无影无踪了，留下的一些常常都是断简残篇。当然，历史研究就是要从这些残缺的信息中，告诉人们历史上曾经发生过的真实影响，让人们从中感悟到历史发展的线索和规律。其二，许多学者更多地重视文献，而不是实地的考察和调研，使他们难于取得对商人们的同情和理解。即使是经济学者们，也常常只是作局外旁观，对商人的理解自然是不会深入的。事实上，历史文献常常也会骗人，眼见亦不一定就是真实的，内在的事实与道理更需深入挖掘和探讨。

本书仅作概论性的探讨，同时亦作雅俗共赏性的读物。雅之意不仅在其外表的美丽动人（辞藻之华丽，语言之动听），而首要是真实可靠的，是经过学术探研的结果。俗之意是指通俗易懂，更具可读性。因此，所谓"雅俗共赏"，乃指更好地传播学术研究成果，让学术研究更普遍地为人所理解和掌握。因此，本书首先讲求学术，然后加强可读性和趣味性。我们希望能够对客家侨商有更多的同情和理解，能够更加贴近历史，从而更好地揭示客家侨商所蕴含的文化意境。

真实可靠（包括资料的搜集、书稿的写作和观点的阐述等等）是历史学生命力的根本所在，这就必须讲求事事皆有出处，事事皆置于阳光地带之中。本书内容大多是作者学术论文通俗化的结果，是学术性基础上的通俗化，正符合丛书主编要求的学术性基础上的可读性原则。有论者发人深省地说："依照经不如史，史不如子，子不如稗，读稗官笔记不如读武侠小说的逻辑，岂非越是荒诞不经就越是趣味盎然，越是值得一读？读书读到这个份上，可真不知道是幸呢还是不幸。"

总之，讲述客家侨商的历史故事需要政界与学界的合作，既要讲述杰出侨商的故事，亦要讲述普通侨商的情感。要从历史学的视角，以华侨史和近代史为其基本领域，考察以张弼士为代表的客家华侨与侨商，感受其创业的艰辛，为其成功喝彩，探讨其成功的经验，品味其侨与商的历史与文化内蕴，理解客家侨商的历史地位。从其零星出现开始讲述，到形成群体，走向繁荣，来到今天，这是本书关于客家侨商故事的基本线索。

二 客家侨商历史的开端

　　番，是旧时对西方边境各族的称呼，亦为外族的通称，如西番、番邦；又指来自外族或外国的事物，如番茄、番饼。到别的国家去，则被通称为"过番"。中国人究竟何时开始过番？至今仍然众说纷纭。普遍认为，中国人大规模地移居海外是在1840年鸦片战争以后，广东人移居海外在19世纪60年代达到高潮。客家是一个移民形成的民系，也是一个世界性的民系，客家人往海外的迁移则"是一种具有世界性质的事件"。那么，客家人如何走向世界，何时开始走向世界，而成为世界性的民系？客家海外移民史究竟可以追溯到哪个时期？下面讲述客家人过番的早期历史和客家侨商萌芽阶段的情况。

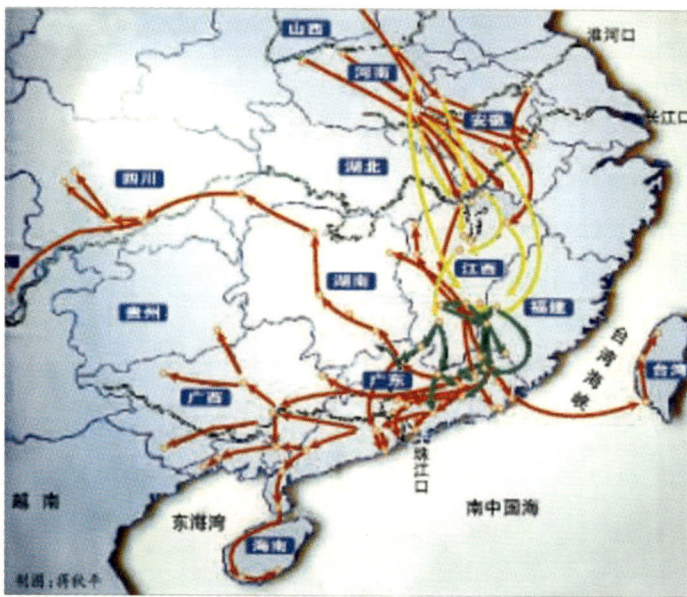

客家迁移路线图（资料片）

何为客家？客家民系何时形成？这至今仍然是众说纷纭的问题，学者们见解不一：罗香林认为形成于宋代，也有学者或者认为形成于宋末元初，或者认为形成于元末明初，亦有认为形成于明代中期，等等。显然，在客家民系本身还是个问题的时候，准确地探讨其海外移民的开端其实是没有意义的，也是不可能的。然而，就如同人最初从哪里来，又是从何时开始，虽然众说纷纭，尚无定论，却总不会否定人的存在一样，客家民系的存在也是实实在在的，并不会因为不能确定其最初形成的历史而被否定，而且，客家在后来很长时期里的历史是非常明确的，主要是指在闽粤赣边稳定生活的时期。

客家人移民海外而走向世界可以分为不同的历史阶段。罗英祥在《飘洋过海的客家人》中将客家人走向世界归纳为五个时期：一是从宋末到太平天国以前的冒险出国阶段；二是太平天国失败到辛亥革命为诱骗出国阶段；三是民国期间为自愿出国阶段；四是中华人民共和国建立到 1979 年改革开放为受限出国阶段；五是改革开放后为放宽出国阶段。陈美豪在《客家人在东南亚——历史回顾与展望》中将客家人到东南亚归结为禁海时期（1911 年以前）、自由时期（1911—1941年）和限制时期（1945—1955 年）。黄玉钏在《论客家人迁徙海外的经历及其历史贡献》中则认为，客家人流布海外主要有三个时期：一是南宋末年，客家勤王大军败于元后，幸存者逃亡到东南亚各地谋生；二是明末清初的清前期；三是鸦片战争以后。

正如人的历史有非常长的史前期一样，客家历史以及海外移民史也有一个开端期，以此进行探讨显得更加有必要。历史总有其开端、发展和转型以至于衰落的历程。所谓历史的开端，是指某种历史现象从其萌芽到正式产生的这一个历史阶段，其基本特征是：在一个较长的历史时期内，这些历史现象只是个别的、零星的，而非大规模、有组织的，更非持续的。许多时候，这种历史只是存在于考古学，或者只是猜测和传说。开端不同于开始，比如，一个故事情节的结构包括（序幕—）开端—发展—高潮—结局（—尾声），开始大概等同于揭开序幕，开端则要交代背景，铺垫下文。因此，开端有一个过程，开始则指某一个点。

（一）唐朝：水车窑揭开了客家海外贸易史

纽约唐人街（资料片）

　　中国人移民海外的历史很早，有的认为最早始于商代或秦汉，但华侨史的上限一般被认定在唐代。此前虽然不免有海外移民，但其数量少，也属于偶发事件，且未能成为独立的民族或民系。其理由大多亦源于华侨与"唐"的关系。鸦片战争前大都是用"唐人"、"北人"、"海外异端"、"逃犯"、"海贼"、"贱民"、"莠民"、"弃民"、"化外顽民"等一些词语来称呼华侨。海外华侨、华人长期以来自称故乡为"唐山"，中国服装为"唐装"，华侨聚居地为"唐人街"。这与唐朝的强大及其在世界上的影响和唐代中国人移居国外是有关系的。著名华侨史学家李长傅在其名著《南洋华侨史》中则解释说："中国人之在南洋者，初无专门名词。自唐以来，始有唐人之称，始于宋，而最盛行于明、清二代。"晚清客家学者黄遵宪在《日本国志》中列举了不同时期和地点对古代中国的称呼："西北各藩称曰汉，东南诸岛称曰唐，日本亦曰唐，或曰南京，南京谓明。此沿袭一代之称，不足以概历代也。"清代张廷玉等撰《明史》也有对于"唐人"的具体用法：明末日本丰臣秀吉欲入侵中国时，"召故时汪直遗党，知唐人畏倭如虎……入中国北京者用朝鲜人为导，入浙、闽沿海郡县者用唐人为导。"因此，"唐人"实为明清时代对东南沿海中国人的称呼，后来成为外国人对中国人或者海外华侨的称呼。

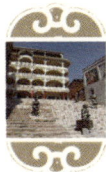

客家女装（魏明枢　摄）

就客家海外移民史来看，唐朝的影响也是很大的。在客家山歌中有大量的"唐"、"唐山"等字眼，比如，"苦劝涯哥莫过番，番邦唔得转唐山"；"郎在番邦妹在唐，两人共天各一方；妹在唐山无双对，郎在番邦打流郎"；"双手牵紧郎衣角，问哥几时转唐山"。梅县著名华侨罗芳伯被称为"大唐总长"。显然，唐（山）与番（邦）一直是相对应而存在的。与唐朝相关的这些词语，亦被认为是客家华侨史最早可以上溯到唐朝的证据。学者们由此推断，"远在唐朝以前，就有华人在南洋各地居留"，进而认为，"假如客家民系在唐朝已形成就包括了客家"。他们实际上已经将客家华侨史上溯至唐。当然，这些都只不过是一种猜测而已。

唐末黄巢之乱在国内移民及海外移民史上都有极大的影响，也是影响客家人南迁的重大历史事件。罗香林在其名著《客家源流考》中说："客人有一种葛藤坑与黄巢，及中秋月饼与元鞑子的传说，故可逆证客家先民与黄巢变乱及元人南下的关系。"唐乾符六年（879），黄巢起义军攻占广州，一批广东人避乱移居今印度尼西亚巨港一带。公元943年，阿拉伯人马素

梅县水车瓷碗（魏明枢　摄）

提经过苏门答腊的三佛齐时，看见"有多数中国人耕植于此岛，而尤以巴邻旁（室利佛逝）为多，盖避中国黄巢之乱而至者"。唐代开辟"通

二　客家侨商历史的开端

海夷道"，已有商人在阿拉伯定居，闽粤人已流寓苏门答腊。无论如何，黄巢之乱虽然给国内民众带来极大灾难而导致迁移，但海外移民仍然只是一些个体的行为，还没有形成海外移民聚落的记载。事实上，直至唐、五代，福建大片土地尚未开发，人口不多，极少有人出国定居。与福建比邻的梅州此时更是"瘴乡"和"迁谪"之地，其对外交往、贸易以及商业和手工业活动都不太可能是大规模的，同样也不可能形成大规模的海外移民。因此，唐朝虽被普遍地认为可能是客家海外关系史的开端，但此时是否已经产生海外移民，则是存疑的。

水车窑青瓷执壶（资料片）

应当注意的是，尽管考古学家们已经认定中国文明有六大源头，但在司马迁的《史记》中便已经形成以中原为中心而向外辐射的文明理念，从此长期左右着中国人的文明发源思想。在西方殖民主义者东来之前，古代中国人向往的是农耕文明高度发达的中原地区，长江、黄河流域才是人们的目光所向，这里是中国政治文明的中心，走向海外不是主流，海外关系及移民海外都不是主流活动。总体说来，整个社会内部缺乏移民海外的内在驱动力，也缺乏移民的社会现实基础。古代梅州、闽西客家与周边地区的关系一直很活跃，但其目光所向也是往北的中原。韩江水系则成为其翻越大山屏障，与外界进行交流的重要交通网络。

从考古发现看，客家海外贸易史可以追溯到梅县水车发现的唐代青瓷。20世纪70年代前后，梅县畲坑镇村民挖地基盖房子时发现了一座唐墓，从中出土了一批青瓷陪葬品。随后又在各类型基建及广梅汕铁路修建过程中屡屡发掘出唐墓，引起了文博专家的关注。1980年，在梅县水车发现了两处唐代古窑址和一批唐代的罐、大小四花瓣口碗和盘、杯等古瓷，其中花瓣口碗在泰国曼谷等地也有发现。1982年11月，著名的古陶瓷专家冯先铭率队，挖掘畲坑镇唐代古墓及水车镇瓦坑口、罗屋坑、南口崇芳山等古窑址后，得出了权威性的结论：梅县畲坑唐墓出土的青瓷系水车窑产品，并证实在1979年上海召开的

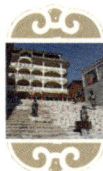

国际性古外销陶瓷学术讨论会上，泰国专家带来的 9 块瓷片，其中 2 块是梅县水车窑的产品，梅县水车窑遂正式命名。冯先铭论证说："梅县窑在已发现的广东地区唐代瓷窑中以质量精、造型丰富而名列首位。唐代曾远销海外，泰国南部出土有唐代青瓷碎片，除越窑、长沙窑外，还有广东梅县窑和高明窑碗片，这是目前所知广东最早销往海外贸易瓷的实物例证。"

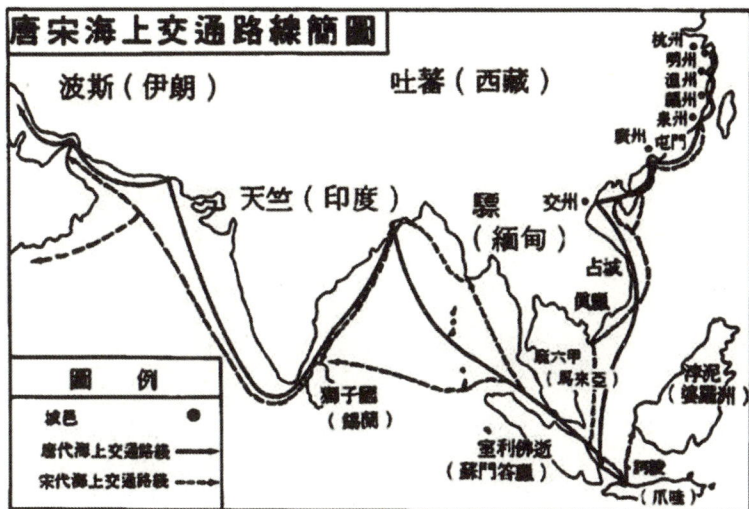

唐宋海上交通路线简图（资料片）

梅县水车窑与潮州北郊上埠窑都是广东陶瓷生产出口的重要基地，两窑依托韩江水路交通及毗邻潮州港而发展起来，促进了唐代海上陶瓷贸易，开拓了"海上陶瓷之路"，也就有了海外商贸关系，客家海外移民也就有其形成的可能性，客家侨商也可能正式产生。因此，客家海外移民和客家侨商可能产生于唐朝。水车瓷的发现表明，梅州应当是当年海上丝绸之路的重要站点之一。

（二）宋朝：松口卓满开启了客家海外移民史

宋朝是中国历史上比较重视南洋贸易的政权，是中国向海外和海上拓展的一个重要历史时期。由于中国政治与经济重心的南移，福建与广东这些东南沿海地区与海外的交往逐渐增多，商务活动逐渐兴盛，到海外谋生、移民海外的现象也逐渐增多。到元末，东南亚一些地方出现了中国海外移民的聚落。客家的周边区域开始产生海外移民。广东海商在

12 世纪初就到外国贸易，但因此成为海外移民的现象并不具备普遍意义。唐宋以后，潮汕地区经济日趋繁荣，进而逐渐形成了独特的区域社会经济及文化内容，与海外联系密切，成为重要的对外交往与贸易口岸。揭阳的海外移民史大体分为四个阶段：宋元、明代、清代和近代。南宋景炎元年（1276），东莞县白马乡儒士李用浮海至日本镰仓，以教授诗书为业，是见于史籍记载的第一位旅日广东华侨。南宋祥兴二年（元至元十六年，1279），元兵破崖门（今江门新会区境内）后，部分抗元失败的广东义民和逃避战乱的广东人逃往海外。

梅县松口老街背梅江河道（魏明枢　摄）

公认的见诸史籍的梅州海外移民史是从宋朝末年开始的。黄遵宪在《己亥杂诗》中探讨了客家人的由来和播迁历史，其中一首说："男执干戈女甲裳，八千子弟走勤王。崖山舟覆沙虫尽，重带天来再破荒。"他解释说，南宋时，梅州户口极盛，但南宋末年，文天祥抗元，梅州人多响应号召，从军勤王。诗歌反映了客家海外移民史的开端事件，并且已经成为客家华侨史的重要资料。据光绪《嘉应州志》记载，元世祖至元十四年（1277），文天祥领兵往江西，沿途招集义兵，梅州百姓响应其号召而从军勤王者极多。据父老流传，松口卓姓有 800 余人跟随勤王，兵败后，只存卓满（一说卓谋）一人，卓满后来过番去了，成为客家华侨的第一人。然而，卓满只不过是一个"父老流传"的人物而已，温仲和就曾经对黄遵宪明确强调："松口卓姓勤王之事，亦是父老流传，有为人欺负者，至今犹有以我为卓满子之语，此亦可为殉国之证"。而黄遵宪也强调这只是"足补史传之缺"。

客家学的奠基人罗香林在《客家源流考》中将客家人的迁移史分为五期，迁移而侨居于南洋各地与南北美洲的，则以第三、第四、第五各时期为显著。文天祥抗元及卓满的故事，正发生在客家第三时期的迁移。他认为，南宋首都临安被元军攻陷后，君臣南下，奔走岭海。客家人士，多起而出师勤王，而文天祥辗转抵抗元的地域，多为客家人居住区。宋帝昺等崖山兵败后，所遗臣民多逃亡海外的交趾、占城、爪哇等地，其中自然有不少客家人士。民国十年（1921），客家学者饶芙裳在广州的一次演说中也提到梅口镇（今松口）卓姓全族800余人随帝昺至崖门之故事。可见，卓满为客家首位华侨已被普遍认可。

罗香林塑像

饶芙裳

此后，民国二十九年（1940）出版的《华侨名人故事录》、梅州市华侨历史学会编的《梅州市华侨志》（2001年）以及其他著作，都加以采信，认定卓谋与他的伙伴乘坐木筏，漂洋南渡到婆罗洲（今加里曼丹岛）定居，是第一个过番而侨居南洋的客家人，从此正式揭开客家海外移民史的序幕。

邝国祥在《槟城散记》中对于卓姓800余人跟随文天祥勤王的故事作了更进一步的演绎。他说：

最早的有名华侨：在典籍上有姓名事迹可查者，其第一人当为卓谋……清末文学革命诗人黄公度先生己亥杂诗——就是指这事而言。据原诗的编者注释：“尝闻饶芙裳前辈云：宋末松口镇，有卓姓八百余人，勤王之后，无一存者。"（当指松口已无卓姓人而言，饶为本屿时中学校首任校长）当时卓谋幸不死，因召集流亡，慷慨陈述不愿降虏，宁流亡海外，徐图报复之志。众赞服其说，即举卓为领袖，结队乘舟浮海南下，直达婆罗洲北岸的地方，擒蛮王，王其地，于是披荆斩棘，开辟市廛，不上二十年，遂成为势力雄厚的王国了。到如今婆罗洲北岸地方，常发现中国式的堡垒的废址，据说即是卓谋称霸时代所留的遗迹云。按宋帝走潮州系在公元一二七六年，崖山舟覆，则在一二七九年，这年宋亡。这么说来卓谋到婆罗洲当在一二七九年，或在其次年，据刘强博士所著婆罗洲史地：公元一二九二年，元世祖忽必烈，大起兵向南讨伐，设有行省于北婆罗洲，是说中国史乘阙略不载，而西欧人则言之凿凿。按其时，约在卓谋到婆罗洲后十三年，欧人所见或即卓谋所建之国，或许欧人只知中国有元朝，而以卓谋之国为元朝所建的行省吧。

松口中国移民纪念广场（魏明枢　摄）

中国移民纪念广场项目由联合国教科文组织发起，旨在探讨印度洋岛屿历史与文化的丰富内涵，通过研究对印度洋群岛文化作出贡献的华人历史，促进散居在世界各地的华人之间的联系。为纪念19、20世纪离开中国前往印度洋群岛的中国人，此项目发起者选择了梅州作为客家人移居海外的原乡。此项目是联合国教科文组织在中国国内唯一的移民纪念项目，将"印度洋之路"项目的最后一站确定在梅州，充分体现了联合国对客家人在特定历史背景下的社会运动和华人迁徙历史的高度重视，有利于增强海内外客家人的凝聚力，激励华人后裔和推动文化多元化发展。

南渡后，卓谋等客家人在南洋又进一步被演绎成为"披荆斩棘，开辟市廛，不上二十年，遂成为势力雄厚的王国"，这批南渡的客家人也成了第一代客家侨商。卓谋南渡的故事，已经成为客家人移民海外的开始，这与许多族群史都开始于父老传说或者神话故事有异曲同工之妙。比如，满族即认为，其始祖布库里雍顺是仙女在人间的后代。

除了卓满的故事外，还有何崇儒的故事。何崇儒，大埔县湖寮双坑人，赵昺逃到梅州后，文天祥

亦领军尾随而来，何崇儒等许多大埔人追随文天祥勤王，抗元失败后，大部分不敢回乡而远涉重洋避难，侨居海外。

南宋灭亡后，原先在梅州的本地人因抗元，大多或者死亡，或者逃往南洋各地。梅州十邑九空，人口损失了十之八九。元时梅州民众都不担心无田耕，大量田地常因为缺少劳力而荒废了，梅州的经济社会发展亦相对滞后。这样，许多闽西和赣州的客家人便迁到这里来。

松江大酒店（魏明枢　摄）

元魁塔（魏明枢　摄）

坐落于梅县松口镇梅江河畔的凉伞岌，广东省级重点文物保护单位之一。始建于明朝万历己未年（1619），竣工于明朝崇祯己巳年（1629），由邑人吏部侍郎、翰林学士李士淳（号二何）募资建造。塔高39.5米，为八角形平面布局的仿楼阁式九层砖石塔。塔底正门额署"元魁塔"，有李士淳亲撰对联："澜向阁前回，一柱作中流之砥；峰呈天外秀，万年腾奎璧之光。"元魁塔下河道迂回，称塔下潭。元魁塔矗立梅江北岸已有300多年，见证了梅州客家人漂洋过番的历史。

松口位于梅县东北部，地处闽粤交通要冲，是岭南四大镇之一。945年始称梅口镇，后称松口。俗谚说，"松口自古不认州"，这与其为著名的侨乡有关。松口历史与其为重点侨乡的特征紧密相关，松口因其是重点侨乡而在生活等各方面都显得更加优越。客家华侨

始现于松口，从此，松口成为客家南洋移民的重要港口，松江大酒店及其门前的码头就成为华侨和移民出洋的始点。松口街道仍然保留着民国初年的明清改良式建筑，许多民居都是侨房，是当地的"样板房"，如古秀阶、承德楼、世德楼等等。矗立在江边的元魁塔，见证了一批批漂洋过番去的客家游子；江水悠悠，诉唱着客家海外游子的历史歌谣。

（三）明朝：客家海外移民现象的增多

地理大发现以及欧洲殖民主义者的对外扩张，使海洋逐渐成为人类社会重要的历史舞台。与此同时，中国也开始了走向海洋的时代，这种历史背景直接反映在中国的海外移民史中。促成海外移民的因素是多方面的，包括海外贸易、海禁政策、政府的腐败以及反清复明运动等。

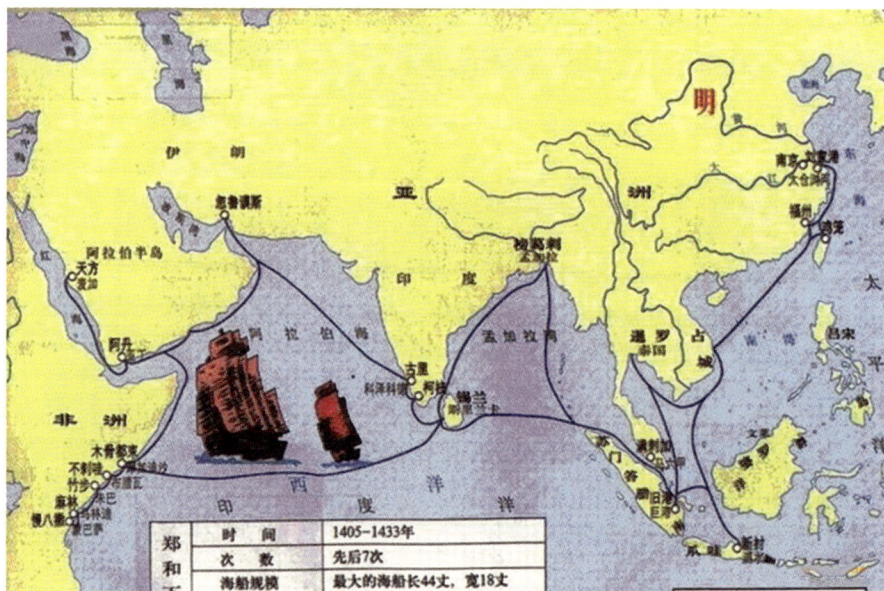

郑和下西洋（资料片）

明朝时期，客家地区的生产有了较大的发展，人口大量增加，在此基础上，客家地区的行政区划更加细密化，比如梅州，此时已成为人人向往的"乐土"，增设了蕉岭等县，各县都有了县志，如明朝正德年间《兴宁县志》、嘉靖《大埔县志》等。但是，这些"正史"都未关注海外移民。直到明朝灭亡之际，南洋各地已有 10 万以上中国

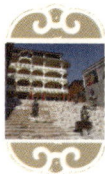

人。但究竟有多少客家人显然难于考实，只能从零碎的史料和事例中，隐约地感知到客家海外移民现象已经大大地增加了，客家并非闭塞而与海外无涉的地区，而是一个对外交流频繁的相当开放的地区。

1. "郑和部属"蕉岭县人孙某等定居马来亚

在中国海外关系史上，郑和7次下西洋是一个划时代的大事，具有重大的世界历史意义。它促进了中外交往，也开创了华侨开发东南亚的新局面，对东南亚以及闽粤甚至整个岭南都产生了深刻的影响。郑和下西洋在东南亚留下了大量的中国历史文化遗存——至少有15个郑和寺庙，近30个与郑和有关的传说。这些遗存大多反映了早期南洋中国移民的生活及其宗教信仰状况。

郑和下西洋并未促成东南亚一带华侨的迅速增加，直到明中后期隆庆开放以前，中国海外移民的数量一直很少，其主体是商人和为避乱而暂时移居国外的难民。但是，郑和下西洋本身却是一支庞大的队伍，也是多次庞大的海外经商与政治炫耀活动，其人员必然要与所经地区进行直接的交流。

据赖雨桐主编《蕉岭县志》载，在郑和下西洋的队伍中，有一支由梅州客家人组成。这支队伍在马来亚上岸后迷路，后来定居于吉兰丹牙拉顶的深山之中。1956年，在海南白沙农场工作的马来亚归侨孙增超认为，自己就是这支队伍中一位蕉岭县峰口乡孙姓人的后裔。

2. "山寇与海寇"张琏等逃往三佛齐

饶平县饶洋镇磐石楼祭祀"飞龙人主"张琏的飞龙庙（资料片）

明朝中国与世界的互动关系极为频繁而热烈，东南亚就是其中重要的互动点，明初以降的海禁政策却使中国的力量一直处于收缩和防御的状态，中国未能真正融入世界历史的发展中，同时还扭曲了海外贸易形态，进而导致了中国非正常的海外移民。中国民间的海外贸易往往只能以武装海盗的面目出现，海寇如王直、吴平、林凤、林道乾、曾一本，以及被称为"岭东三饶寇"的饶平县人张琏、大埔县人萧晚（雪峰）和程乡县（今梅县）人林朝曦等等，他们与海商常常是合一的，"市通则寇转而为商，市禁则商转而为寇"。

明朝中期，东南海疆颇不平静，倭寇频发。嘉靖三十六年（1557），倭寇领袖王直被胡宗宪捉杀，其党徒3000人，逃到岑港、舟山，不断骚扰浙东、江北，甚至蔓延到闽粤。闽粤两省交界地区的南澳岛成为倭寇、海盗的重要根据地，海寇的活动区域北至日本诸岛，南到交趾、占城、暹罗（今泰国），并且与闽粤交界处的饶平、大埔、平和三县边境的"岭东三饶寇"相联结。经明朝政府军的剿杀，山寇便与海盗一起入海，由福建省云霄河等地整编船队引航出海，逃往南洋的三佛齐等地。

3. 明朝长乐县的对外交往

清朝嘉应州属长乐县（今五华县），明朝时属惠州府管辖，虽地处内陆，然五华河历来是闽、潮通往惠、广的孔道，长乐县的对外交往也因此较频繁，甚至存有海外交往案例。

光绪《惠州府志》载，嘉靖二年（1523），五华籍进士颜容端，以其武技及公正廉明，不避权贵，升云南金事。交趾发生动乱后，他请求带兵进剿，连破云梦、水井等地，其出生入死的事迹，所有地方大员皆认可，皆上疏荐其军功为天下第一。这是当地官员与海外的交往情况。

外国人，甚至其首领也已经来到了长乐。光绪《惠州府志》载，先是莫登庸叛，安南（今越南）黎宁派遣郑惟憭来中国禀报。莫登庸投降后，参赞尚书毛伯温等便奏请于广东安置惟憭等。嘉靖二十四年（1545）夏五月，郑惟憭被安置于长乐。长乐县给惟憭买田50亩，其随从30亩，县城亦有住宅，并设有望楼和护兵。

4. 隆庆开放与客家侨商的发展

隆庆元年（1567），明朝政府开放海禁。隆庆开放是明末华侨史上的大事，闽粤地区出洋经商者骤然增多，到明末，海外华侨骤增至数十万。

就在这种与海外交往大量增长中究竟有多少客家人出洋过番已不可考，但据清朝张廷玉等撰《明史》载：嘉靖末，广东大盗张琏作乱，官军已接到其被捕获的报告。万历五年（1577），有到旧港去的商人，却看见张琏正在摆摊做生意，成为"番舶长"，许多漳州、泉州人到旧港去依附他，他就如中国的"市舶官"一样。也就是说，张琏已经成为海外侨商之首领。到了近代，梁启超甚至称张琏是"中国殖民八大伟人之一"。

韩江上游支流梅潭河流经大东花萼楼的一段

梅潭河又名大埔水、百侯水、长乐水，发源于福建省平和县葛竹山，流经广东省梅州市大埔县大东、双溪、枫朗、百侯、湖寮，于三河坝东北注入汀江，长137公里。汀江、梅潭河与梅江在三河坝汇集后始称韩江。福建省漳州市的月港曾经是明朝对外开放的窗口，许多粤东客家人溯梅潭河而上，穿过大东，进入福建，顺九龙江而下，到漳州、厦门出洋过番。

值得指出的是，张琏、林朝曦逃往南洋的故事有两种截然不同的

结论。饶宗熙经考证后认为，张、林都已被官军捉杀无疑。他说："《明史稿》所本之资料，乃当时民间之一种传闻。"戴裔煊则认为，张、林到了三佛齐，"不是无稽之谈"。但是，无论张琏本人情况如何，可以推想的是，这里已经生活着大量客家人，并且引起了明朝政府的注意。

（四）早期客家侨商的"奸民"形象

客家海外关系史可以上溯到唐朝，公认的海外移民史则开始于宋末元初，有些南宋遗民移居南洋。从唐宋一直到清朝中期之前，梅州的移民海外的历史记录很少，其海外移民现象也不是很多，而仅仅是一些特殊的历史现象。许多研究其实也说不出很多、很详细的历史事实来，大多只是片言只语。明朝早、中、晚期都有梅州人移居南洋，数量依然不多，显示出零星、分散等特征，可与此前梅州的海外移民史统称为开端期。

从唐朝开始，客家人便与海外有着日渐紧密的商贸经济往来，但明朝之前，客家人移民海外，总体上看并不很多。实际上，此期的梅州等客家地区正处于逐渐得以开发的时期。在农耕时代，在家千日好，出外半朝难。人们并不崇尚出外去谋生，除非是游学或者外出当官，外出经商谋利则是会受到鄙视的。另外，当时梅州人口不是很多，也不稳定，土地与人口的压力也不大，在仍然存在大量未开垦土地的情况下，冒着重重危险外出或者移民海外，显然是没有必要的。但是，社会的不公与动乱，却使许多人不得不离家出走，背井离乡。就在这种不经意间，客家侨商开始产生，从卓满到张琏，特别是"岭东三饶寇"之首的张琏，他们是早期客家侨商的代表。

张琏，祖居饶平县上饶堡乌石村，原是县政府的一般官员，因犯罪而逃入"贼巢"大埔县木窨。嘉靖三十九年（1560），他

飞龙庙（门联：本在天之飞龙声灵赫濯；安斯境于磐石民物康宁）（资料片）

趁粤闽赣一带倭寇、海盗蜂起之机，建立"飞龙国"，得到大埔"贼"肖晚、罗袍、杨舜三人的支持，在诏安县与平和县间聚众数万，称王，自称"飞龙人主"，甚至改历法，设科取士，选举十三道都督、阁老、翰林等官员，修筑了80多座城，占据平和、饶平、诏安三个县，还进攻江西等地，杀副使汪一中，声称要进攻江浙，占领南京。嘉靖四十一年（1562），明朝廷调集粤、赣、闽三省7万余官兵，兵分五路，剿灭之。当时广东著名士绅黄佐撰《岭东平三饶寇碑》记述了整个军事进程。

张琏之乱，使粤东及闽西客家地区受到了极大的灾难，许多客家人不得不冒险过番，无论张琏是否真的逃到旧港"列肆为番舶长"，其成为海外侨商的象征，或者说标志则是可以肯定的。显然，他们只是"莠民"、"奸民"等反面形象，是与政府作对的人，是犯上作乱、十恶不赦的人。

明朝中后期倭寇与山寇（"岭东三饶寇"）等，给东南沿海地区的社会治安带来了极大的混乱。此后，地方政府从社会治安角度出发，积极倡导读书达礼，以德化人，这是明朝政府从朱元璋时便开始使用的手段。在这种背景下，读书参加科举的人越来越多，这些人成为对付地方"寇乱"的一支重要力量，百姓对官府的对立态度也缓和许多。在大埔县，读书参加科举者便愈来愈多，大埔也逐渐从"贼巢"发展为"邹鲁乡"。

明末，一批受过儒家正统思想熏陶的士绅逐渐崛起，成为维护地方社会秩序的重要力量。但粤闽赣边客家地区社会仍然动荡不安，动乱不断，寇贼猖獗，先后发生"钟大魁之变"等数十起动乱，影响较大者有崇祯元年（1628）平远县苏峻等人发动

大埔县茶阳镇父子进士牌坊（魏明枢 摄）

的"五总之变"，崇祯三年（1630）"钟凌秀、叶阿婆、陈蜡烛之变"。所有这些社会动乱，都使客家人难于平静地生活。到清初客家地区的混乱局面，反清复明的会党长期存在，所有这些都影响着客家地区民众的生活，甚至移民海外。

三　清代前期客家侨商群体的形成

客家侨商在明清以前已经产生，但显然都是一些猜测和传说，而且只是个体而已。到了清代，客家侨商群体开始形成，表明客家侨商正式登上历史舞台。清代客家侨商群体在整个华侨社会中已经占有重要地位，受到了侨居地政府，乃至中国政府的关注，是华侨社会的重要组成部分。

（一）客家移民南洋风气的初步形成

1. 清初期客家地区动乱的延续与南洋移民

明末东南沿海客家地区人文历史逐渐发达，但在中国总体形势的动乱背景下，这些地区自然难以平静。顺治元年（1644），清兵入关，定鼎中原。东南沿海地区也开始了长期的抗清运动。郑成功领导的反清政权，占据以厦门为中心的闽南地区，地处韩江上游的客家地区也受到了极大的影响。大埔县长治乡民江龙、大东乡民罗宏一等带领军队参加郑成功的抗清义军，后随郑到台湾。郑氏政权失败后，他们由台湾转至东南亚谋生。

清初的动乱对客家地区的影响非常巨大。《大埔县志》载："明崇祯五年（1632）至清顺治五年（1648）的16年中，因兵祸天灾，全县人口减少2.6万多人，占当时全县人口的六成。这些人半数以上到台湾，其余的不少逃往南洋。"许多人则先到了台湾，再浮海往南洋。大埔人王兴率军在粤西抗清，后来他与清军谈判，他所率的军队中愿降者被收编，但大半浮海而去，成为海外华侨。

康熙二十二年（1683），清政府消灭了台湾郑氏政权，平定台湾，终于铲除东南沿海最坚固的反清割据势力，实现了全国的完全统一，国家的基本任务便从消灭分裂割据转变为巩固和稳定政权。此后，天下太平，东南沿海包括台湾在内的地区，从明朝嘉隆时期严重倭寇之乱到清初期剧烈抗清，近百年的社会动乱正式结束，进入了稳定的发展时期。

清政府解除了为对付郑氏政权而实行的"海禁"，东南沿海受迁海政策影响的百姓逐渐返回家园。同时，海外贸易重新兴起，海外移民也开始掀起高潮，台湾和南洋成为闽粤人民重要的迁居地。与此同时，清政府对广东实行开放对外贸易的特殊政策，广东商人开始蓬勃发展。

明末清初的社会动乱导致客家人南洋移民有较大增长。罗香林认为："明末清初，客家人士，赴海外经营工商业，因而在南洋各地置田园，长子孙的，为数更多，或更进而开辟埠头。"但其人数究竟有多少是难以猜测的，只是从清中期，特别是乾隆之后客家南洋移民情况可以进一步推出这一结论。清前期梅州已经有不少海外移民，他们为乾隆以后梅州华侨的发展壮大奠定了基础。

梅州移民海外的记录从清中期开始逐渐增多。到乾嘉时期，客家进入了第一次移民海外的高潮时期，初步形成移民南洋的风气。大量的客家人迫于生计而背井离乡，到安南、老挝、柬埔寨一带谋生。从乾隆年间开始，梅州人往南洋的迁徙开始有了大量的官方文献资料，梅州各县在清前期除平远县外，都已经有了更多关于海外移民的确切记载。嘉应州的海外移民问题已受到政府和当时人的特别关注。可以说，没有这一批华侨的牵引，就不会有近代以后客家人更大的海外移民高潮，更不会有 20 世纪初华侨社会的大发展。

2. 梅州各市县在清中期有关海外移民的历史记录

梅州市现辖范围包括梅县区、梅江区、兴宁市、五华县（旧称长乐县）、大埔县、丰顺县、平远县和蕉岭县（旧称镇平县）。梅县、梅江区、大埔、丰顺是广东重点侨乡，其海外移民的历史很早，而次重点侨乡平远、兴宁、五华都称其当地的华侨史始于鸦片战争之后，但事实并非如此。

粤东侨乡分布图（《广东省志·华侨志》）

新编《兴宁县志》载："鸦片战争后，兴宁县始有人远涉重洋，外出谋生。"但本书有关越南"客长"黄恒有的故事表明，这种说法是完全不符合历史事实的。兴宁工商业历史悠久，外出做生意的相当多，其中有许多人到了南洋，黄恒有便是个典型的例子。

新编《五华县志》载：五华最早过番去的是横陂江南汤湖村的魏鼎高，他于清咸丰元年（1851）到香港做工，1853 年去美国，后来定居于加拿大。事实上，乾隆年间五华县就已经有了海外移民。据道光《长乐县志》载："钟金昌，塘湖人，世业农，兄弟五人，幼年父母俱亡，家徒四壁。稍长即往海外营生。一二年归，见家贫如故，愤然复往。十余年，挟资而回。"钟金昌乃清乾隆时期人。尽管仅仅是模糊地说"海外"，但乾隆年间五华已有人走出国门则是肯定的。到咸丰时期，"海禁"已经大开，五华人过番已经不再是个别现象。咸丰六年（1856），华城镇湖田乡张亚先就被卖"猪仔"（契约华工），先到新加坡做工，后来定居于荷属东印度（今印度尼西亚）。当然，五华海外关系史可以追溯到嘉靖二十四年（1545）五月，长乐县安置安南酋人郑惟憭于县城（事见本书第二部分），据此，该县之侨史很可能还要早些。

未刊的《平远华侨志》记载："平远出国华侨，溯自鸦片战争前

五华县水寨大桥（资料片）

后，距今已有 140 多年历史”，“平远人民出国的历史是从十九世纪四十年代（即鸦片战争前后）开始，大多数是在十九世纪末（清末民初）以后……”《平远华侨志》其实并未作认真的考证，笔者也没有资料足以说明此前已有平远人过番。

据新编《丰顺县志》载，丰顺在乾隆年间已有不少人过番谋生。据汤坑陈氏族谱记载，古湖乡肇吉公房派下二世宏谋，在 1750 年前后出洋，在暹罗万磅开设寿元堂药行。嘉庆年间，和寨乡道用房十五世陈庆詹，乘红头船往暹罗，古湖乡象临房十六世陈兴次及十五世陈昶辇都往暹罗。据 1943 年重修的《曾温氏族谱》载，汤西和安曹寨村天水楼的曾三亮等于清乾隆二十七年（1762）“过番”，嘉庆年间，曾双田、双业兄弟亦出洋谋生。文衍源的《丰顺旅泰华侨溯源》则说：“我县最早南渡者是汤坑曾某，在雍正年间，曾任潮州府刘镇邦总兵部下军师，因反清复明失败后逃往暹罗国（泰国）。”由此，丰顺华侨史当上溯到更早，且完全有理由认为，丰顺在乾隆时期已有许多人远涉重洋，到暹罗等地去谋生。

原属程乡县的梅县华侨史可上溯到唐宋，这已于上文详述。入清朝以后，过番去的就更多了。据《梅县杨氏族谱》统计，到雍正年间有 25 人移民湖南、台湾；乾隆年间的十二、十三世各有 53、37 人移民，移入地则有赣、浙、闽、台、桂、川和南洋的印尼；嘉庆年间的十四、十五世则各有 31、41 人移居金山、安南、台湾和湖北；咸丰年间的十六世有 34 人移民，有到四川、浙江、安南、暹罗和坤甸的。可见，雍正以后移民突然增多，是此前的好几倍，南洋移民人数也随之逐渐增多，范围也越来越广，但直到咸丰年间以前移民基本上仍然是以国内为主。梅县李国泰先生在对其家族中华侨出国历史所作的介绍中说，极可能“从十六世（1768—1843）开始，代代有人出洋”。

槟城大伯公庙（资料片）　　　　　马来西亚大伯公墓（资料片）

乾嘉时期，过番去的大埔人不仅非常多，而且已经非常有名。乾隆十年（1745），大埔人张理偕同本县的邱兆进和福建永定人马福春冒险出洋，船被风吹到了马来亚槟榔屿的海珠屿。1786 年 8 月 10 日，英国人莱特登临此岛时，发现这里已有 58 个渔民居住，其中就包括张理等人。他们披荆斩棘，艰苦创业，成为海珠屿上的第一代华人，是开发海珠屿的先驱，被当地华侨和土人尊为"大伯公"。为纪念张理等三位先驱者的创业功绩，当地侨胞在海珠屿建立了"大伯公庙"，张理成为马来亚第一位"大伯公"，受到后人的敬仰与膜拜。"大伯公庙"所立碑刻说："五属之侨，凡有所获，不自以为功，而归功于大伯公。"1819 年，新加坡开埠。同年，大埔百侯人萧贤舞来到新加坡，开垦土地，成为"十二帮头"之一（客帮帮长）。

（二）到越南采矿的"客长"黄恒有

清代中期，有许多中国民众到越南去采矿，这些采矿者基本上都是自发或者经亲朋牵引而去的，因而形成了许多独立经营的公司，或者说群体。开采矿产自然要有采矿场，不同的利益群体都想争得最大的采矿场，他们便采取圈围的办法，不让其他群体在特定的场所开采，所谓"聚众竖栅"。于是，相互间便不可避免地发生冲突。

在清代，越南称安南，是中国的藩属国。按照惯例，东南亚的国家和地区向中国皇帝称臣朝贡，两广总督便是东南亚国家与中国皇帝之间的中介。他们经常会将其国内的情况向两广总督汇报，在向皇帝朝贡时，也要由两广总督牵引，两广总督再将有关情况汇报给皇帝，或者派人带领东南亚国家的使者入京。

乾隆四十一年（1776），两广总督李侍尧、广东巡抚李质颖收到了安南国王关于中国民众在安南采矿发生争执的报告。他们将有关情况重新审理后，便上奏乾隆皇帝。他们汇报的主角是一个著名的客商黄恒有，他们称之为民众所共推之"客长"，即首领、侨领。

黄恒有，原籍广东省惠州府嘉应州兴宁县。出国前，他在广东电白县经营贸易以谋生。乾隆三十八年（1773）正月，他所经营的贸易破产，资本亏折，就在这时，他听说安南有许多开采金银矿的工场（公司），许多人因开采金矿而发财，于是他也走上了出国采矿的谋生道路。他于正月初五启程到安南去，四月十六日到达广西和安南的交界处（上下冻土州），然后在一个名叫陇委隘的山隘口偷渡出国，来到了安南一个名叫"沙坡"的地方。

黄恒有在"沙坡"待了一年多，在那里，他得知安南兴化镇有个开采金矿的工场"蝎蚣厂"。于是，他于乾隆三十九年（1774）二月初二前往兴化镇，在当地首领处领取了开采执照，一年缴纳十四两黄金。他带领一帮人去开采，充当"客长"，实际就是一个"包工头"。当时，赵国顺、黄永简、邱日松等人先后与他合伙开采金矿，他们分片包干。"蝎蚣厂"很快就招来了大量的民工，多至三百余人。

"蝎蚣厂"的金矿开采得到了极大的发展，人员兴盛，于是，黄恒有就在其工场外竖起木栅，以资防护。然而，兴化镇的官员听到"蝎蚣厂"内聚集了这么多人，便心生害怕，担心这些人会起来闹事，就在乾隆四十年（1775）十一月特别委派官员去考察工场，命令黄恒有拆毁木栅。黄恒有则认为，他们已经领取了开采执照，竖起木栅的目的只是为了防护，因而拖延着不愿意拆掉，兴化镇的长官便派兵捉拿黄恒有，并由安南国王派人解送回广东。

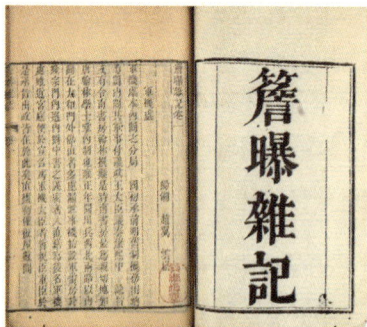

关于黄恒有一案，曾任清朝广西镇安府知府和广州府知府的赵翼亦曾特别加以记载。他说，当时有许多中国人到缅甸、安南开采银矿，因为当地人不懂开采的方法，于是便听任中国人去开采，只是设立官员收税而已。到缅甸去的多是江西、湖北和湖南人，到安南去的则多是广东人。缅甸有大山厂靠近云南，安南则有宋星厂靠近广西。宋星厂距镇安郡"仅六日"路程。在安南采矿的华侨分为不同群体，相互间因利益关系而多有冲突。华侨矿场常常会因其群体

力量小而被另一伙华侨抢占，显示出华侨采矿场的无秩序及其丛林法则，矿山总会因互相抢夺而易手，导致矿场总处于互相攻杀和掠夺中。安南官员只管收税，并不管这些互相残杀和掠夺之事。黄恒有在采矿场滋事，被安南国王派人捉拿并解送广东。当时作为广州知府，赵翼讯问黄恒有：采矿收入究竟有多少，竟然值得在国外闹事？黄回答说：开采前先要缴纳600元，然后在矿山圈定6尺宽的范围开挖，你只能往前开采，而不许往旁边。因此，收入其实非常有限。

乾隆四十年（1775）三月十七日，安南国王又报告说，宋星厂招商开采银矿，当时便有内地客商来开采，随着时间的推移，矿工人数增加，人员也变得更加复杂，以致闹事的情况增多。乾隆三十一年（1766）七月，安南国王汇报了张任富聚众仇杀之事，并请韶州府告诫当地百姓勿出境滋事。乾隆三十三年（1768）三月，安南国王欲押送5000多名宋星厂矿工回国，但矿工们不愿意回国。这些人的籍贯有广西、江西、湖南、福建各省，而十居其九来自于粤东嘉应（今梅州）、惠州及广府、肇庆和南雄、韶关等地，这些采矿工人显然多为客家华侨。

乾隆五十六年（1791）六月初四，时任两广总督福康安在其奏折中说，内地到安南做生意的人，大多来自广西的南宁、太平、镇安以及广东的韶州、惠州和嘉应州等地。他们或者单身，或者合伙，到安南去做生意。

在梅州客家地区，有个流传很广的关于人情冷暖、世态炎凉的故事："上夜三斤狗，下夜三伯公。"传说三斤九是清乾隆年间的人，他的儿子由于家贫而"过番"，并且在南洋发了大财。回乡后，财大气粗，买地建豪宅，颐指气使，村里人从此对他们父子变得恭恭敬敬的。至今在梅县的松口仍然保存着三斤九故居被烧毁的旧墙头。这个故事反映出人们对于乾嘉时期海外移民高潮的认同。同时，在各种行业中，采矿业是发财最快的，体现了客家华侨职业的基本特征。

（三）在南洋建立兰芳国（兰芳公司）的罗芳伯

罗芳伯（1738—1795），乾隆三年二月初九（1738年3月28日）出生于嘉应州的石扇堡（今梅县石扇镇），原名芳柏，后来，人们又尊称其"罗大哥"及"罗芳伯"（大哥和伯都是客家人对长者的尊

坤甸王罗芳伯

称）。罗芳伯少年时便显示出不平凡的气势，很有上进心，性格豪爽，特别喜欢交朋结友，他既学习诗书，又练习武术。无论习文还是练武，他都是同辈中的佼佼者，而且，他天性勤奋好学，在学习之外还帮助家里耕田放牧，是一个非常懂事的孩子，经常受到乡亲们的夸赞。

清乾隆三十七年（1772），罗芳伯参加乡试，但并未考上，从而对科举死了心。他对南洋有"金山"可以开采早有耳闻，私下里已经非常向往到这些地方去谋生。于是，他就与100多名乡亲，一起漂洋过番去了。他溯梅江而上，过岐岭，到老隆，顺东江而下，从虎门启程出海，一叶轻舟，在海上漂，不知经过多长时间，他们来到了世界第三大岛婆罗洲（今加里曼丹岛）。罗芳伯后来写了《金山赋》，记述说：

盖闻金山之胜地，时怀仰止之私衷。地虽属蛮夷之域，界仍居南海之中。岁值壬辰，节届应钟。登舟自虎门而出，南征之马首是东。携手偕行，亲朋百众；同舟共济，色相皆空。予自忖曰：既从虎门而出，定直达乎龙宫。无何远望长天，觉宇宙之无尽；下临无地，想云路之可通。真如一叶轻飘，飞来万里；好借孤帆径达，乘此长风，时则从小港而入，舟人曰："金山至矣。"

加里曼丹岛土地肥沃，且资源丰富，盛产金矿和钻石，港湾优良，但此时的加里曼丹岛大多地方尚未开发，坤甸、东万律、沙拉满、山口洋各地仍然荆棘丛生，在这片荒芜的广阔土地上，已经先有一批潮、嘉、惠华侨在采矿和垦荒，或许罗芳伯就是以地缘和血缘为纽带被牵引过来的。

来到西婆罗洲后，因为他读过书，有文化，最初在坤甸以教书为业。后来，他又转到山心金湖去采矿，先后在嘉应州华侨吴元盛创建的聚胜公司及"四大家围"公司工作。但是，岛内各地采矿的华侨相互之间经常为争矿而发生斗殴。显然，此时岛内的华侨社会还未建立

起正常的生产秩序。

当时，坤甸发生鳄鱼吞噬人畜的事件，罗芳伯除了以弓箭和毒药擒杀外，还学习韩愈写了一篇祭祀鳄鱼的文章，以祭礼驱赶鳄鱼。无论如何，鳄患不久即消除了，他因胆识和才能受到了华侨们的尊敬。

潮州韩愈祭鳄台——"鳄渡秋风"（资料片）

不久，聚胜公司及"四大家围"公司以及其他一些小厂合并，共推罗芳伯为首领。公司共有 2 万多名工人。罗芳伯团结侨胞，处事公平，又与当地土人合作共处，因而公司业务蒸蒸日上。

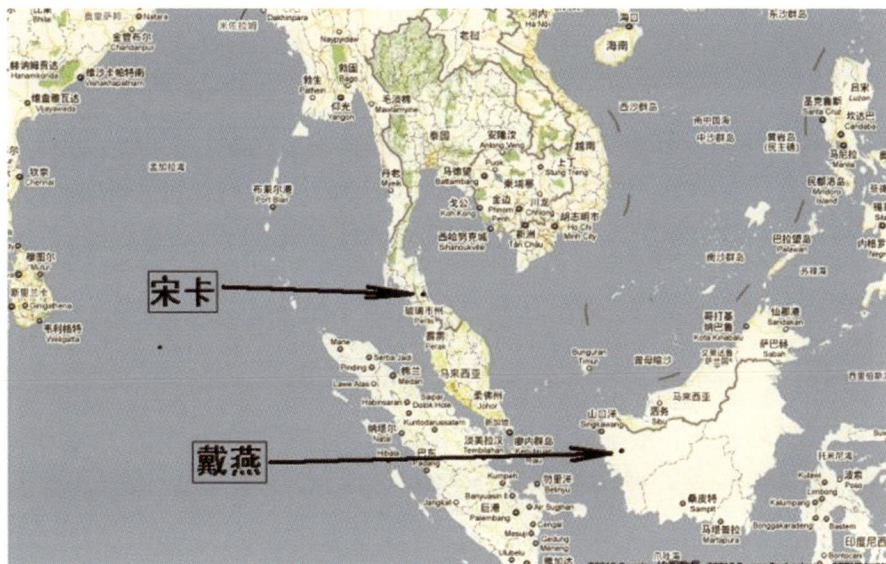

戴燕王国所在地地图（资料片）

罗芳伯在领导公司努力生产之时，还要面对来自华侨内部的争夺，应付荷兰东印度公司的武装入侵。当时，荷兰东印度公司以爪哇为根据地，不断向外岛拓展，坤甸首当其冲，东万律、山口洋等地都深受其扰。于是，他购置武器，派吴元盛训练一支军队，驻守在坤甸河北部的戴燕王国（Tayau）。1783 年，吴元盛杀死残暴的戴燕国王，被人民拥戴为国王。

兰芳共和国疆域图（资料片）

　　乾隆四十二年（1777），罗芳伯在曼多（东万律）创建了兰芳公司，然后逐步兼并了曼多周边的一些采矿公司。当时，坤甸地区有三四个华侨采矿公司，互相争斗，他采取措施，统一了华侨内部的管辖权。由于坤甸苏丹势力未及此，荷兰殖民者的势力亦未伸入此地，因此，兰芳公司实质上是一个自治性的政府。公司以采金为主业，以曼多为中心，南北数十里。

　　在对外兼并和抵抗荷兰殖民者的基础上，罗芳伯在兰芳公司内部建立了一套行之有效的政治制度。第一，作为首领，罗芳伯被称为"大哥"，后世亦称之为"大唐总长"或"大唐客长"。第二，建立法制，按章办事，公平处事。第三，设立税卡，征收各行业税收，还征收边境税。第四，实行寓兵于农的军事制度，平时各自为工，遇战事则为兵。第五，与广州、潮州等国内外贸船只维持贸易关系，也保持与国内的联系。在建章立制的基础上，公司内部秩序井然，华侨社会各安其业，而且还能够为坤甸苏丹提供良好的协作，甚至助坤甸苏丹平息其内部的疆域纷争。

　　在罗芳伯与兰芳公司的历史中，还有关于镇平（今蕉岭）人的"不良"记录。罗芳伯的夫人令镇平人黄安八到坤甸去采办粮食，黄

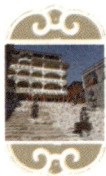

安八到了坤甸后，竟带着夫人交其换取粮食的金银首饰回国去了。罗芳伯对此非常恼火，定了一个规矩：兰芳公司的首领只能由从嘉应州来的华侨，且德行能够服众者继任。可见，当时在兰芳公司中，不仅有梅县、大埔人，还有其他各县人。

罗芳伯墓（资料片）

罗芳伯等客家侨商，披荆斩棘，苦心经营，将野岭荒山辟为良田，大力开采矿产，又发展了当地的交通，创办了学校，还设立了内部的军事组织，整个社会秩序井然。坤甸、东万律、沙拉满、山口洋各地，逐渐发展为富庶的"金矿之乡"、"鱼米之乡"，成为当地人民和侨民的美丽家园。

乾隆六十年（1795），罗芳伯病逝，终年58岁。根据他的遗嘱，兰芳公司总厅的"大哥"由有德才的嘉应州人继任，副头人由大埔县人接任，这成为此后兰芳公司的基本继承制度。此后，江戊伯、宋插伯、刘台二、古六伯、谢桂芳、叶腾辉、刘亮官、刘鼎等相继接任。

梅县石扇梅北中学罗芳伯纪念堂
（资料片）

罗芳伯纪念楼
（魏明枢 摄）

到刘台二时（1821—1837），荷兰殖民者开始统治西婆罗洲。1824年，刘台二被任为"兰芳公司大总制甲太"（即甲必丹），兰芳公司正式成为荷兰的殖民地。1884年，荷兰殖民者突然出兵占据曼多，拆毁总厅前桅杆，逼迫刘生家属交出兰芳公司历代印信。兰芳公

司虽然进行了英勇的反击，但最终还是在 1888 年被镇压，至此，兰芳公司共传 12 任，107 年。

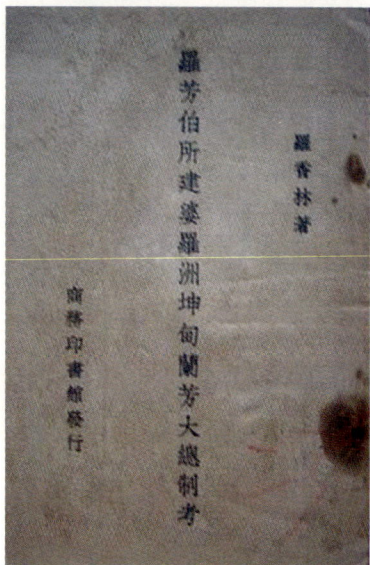

罗芳伯虽然不被清廷认可，是"天朝弃民"，但受到了后世中国人的景仰。1905 年，梁启超在《新民丛报》第 63 期发表《中国殖民伟人列传》一文，将罗芳伯认定为南洋殖民的伟人，兰芳共和国也自此为人所知。著名的客家学者罗香林撰《西婆罗洲罗芳伯等所建共和国考》则强调："清乾隆年间，广东嘉应州有罗芳伯者，侨居南洋婆罗洲（Borneo）西部之坤甸（Pontianak），垦辟土地，策众采矿，并助土著苏丹，平定祸乱，一时侨民多归依之。东征西讨，所向披靡，苏丹知势力不敌，因分土而治。芳伯乃为之奠都邑，定官制，修军备，开商场，兴矿冶，抚民庶，建元兰芳，建国号曰兰芳大总制。受推为大唐总长，盖为一有土地、人民与组织，及完整主权之共和国焉。"在坤甸有罗芳伯墓园、纪念碑和纪念厅，在东万律建有"兰芳公学"，每年农历二月初九罗芳伯的诞辰会举行祭祀，关于罗芳伯事迹的《兰芳演义》广泛流传。在其家乡梅县石扇梅北中学内建有"罗芳伯纪念堂"和"罗芳伯纪念楼"。

（四）远及大西洋海事的《海录》

谢清高是广东省嘉应州金盘堡（今广东省梅州市城东一带）人，大约生于清乾隆三十年（1765），死于清道光元年（1821），享年 57 岁。他幼年识一些字，18 岁便跟从商贾出国经商，在海上遭到风暴袭击，被外国商船搭救后，便随外国商船游历海外各国。

据杨炳南《海录》序，谢清高自小就思维敏捷。到十几岁时，他跟随亲朋到海外经商，在海上遇到风暴，船被吹覆，他则被外国商船救起，便跟随外国商人到世界各地经商。他到过许多不同的国家，就这样漂泊了 14 年，最后又回到广东。他的经历，被认为是自古便不曾有过的奇遇。后来，他眼睛失明，流落到澳门，为别人作翻译，以维持生活。他生活困顿，落魄潦倒，还因拖欠店租而被告上法庭。

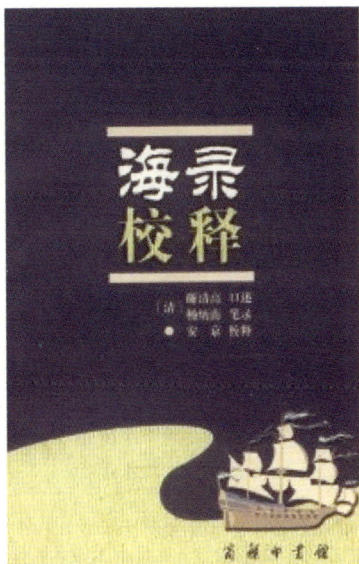

谢清高原是从事民间海外贸易的普通客家商人，其经商显然并不成功，青史留名也不是因其商业上的辉煌，而是其人生经历，在于《海录》一书的面世。在其坎坷的经商奇遇中，他做了一个有心人。他是个语言天才，每到一地便学习当地语言。他又用一个旅游者的眼光看待世界，关注当地的环境、方位、物产、建筑、服饰、礼仪、宗教、语言、风俗、习惯等等。他的奇遇还引起了客家同乡们的兴趣，最终由他口述、他的同乡杨炳南笔录而成《海录》一书，于嘉庆二十五年（1820）在广东出版。

《海录》从一个海商看世界的角度，描述了当时中国人对外部世界的初步认识。它记述了南中国海的岛屿、航线，是清代记述世界各大洲、各国、各地状况最多最全的著作之一，是研究19世纪初南中国海的重要材料。吕调阳在《海录》序言中认为："中国人著书谈海事，远及大西洋，外大西洋，自谢清高始。"也就是说，谢清高是最早关注欧美各国的中国人，《海录》则是中国最早记录欧美各国的著作。谢清高是"清代最早放眼看世界的人之一"，是最早接触工业文明的中国人，而这种源于欧洲的文明即将极大地改变中国和世界，谢清高最早将欧洲工业文明的信息传播到东方。

魏源

《海国图志》

林则徐

《海录》成为客家侨商对于中国的一种独特贡献。如果说,罗芳伯作为一个侨领、一个实至名归的商人,以其重大的功绩被写在了华侨海外经商和创业的历史上,那么,谢清高作为一个生活艰难的小商人,则是将其苦难经历转化为世界性的时代眼光,进而闪耀历史舞台,对于晚清"海禁"大开后的中国有着独特的影响。《海录》对以林则徐、魏源为代表的近代思想家产生了深刻的影响,林则徐曾向道光皇帝深入推介《海录》,认为它关于外国的记载颇为精准。

谢清高与其《海录》看似仅是一个个案,但其中所反映的却是嘉应州及客家人海外经商的历史和文化,反映了客家人重视文教,同时又重视海外经商谋生的社会风尚,这是侨乡社会形成之前的历史实在。

包世臣

到了 1828 年,著名的经世学者包世臣(1775—1855,安徽泾县人)在其致广东按察使的书信中,也提到了嘉应州华侨的情况。他说,广东与海外十多个国家通商,其中以英国为最强。听说在距离广东省城千里之遥的东南亚有个被封禁的叫"新埔"的地方,广东的惠州、潮州和福建的漳州、泉州有许多无业贫民,私自出国到这些地方去开垦土地。英国人在回国途中要经过这些地方,便想占领它们,却被闽、粤华侨打败。几年后,英国派遣大批军队,征服了这些华侨,才占有了这些地方。当地每年都有广东的商船到来,其中有 1/3 的人留在当地,至今已有近 50 年的历史了。这些华侨还招来嘉应州的贫穷读书人教他们的子弟读书,还从广东招来一批工匠,刊刻汉文书籍。包世臣虽然是听说而来,而非其所亲历,却是当时人普遍一致的看法。在包世臣的书信中可以看到,客家华侨在南洋已经不少,且已在南洋占有重要的地位,当时嘉应州的华侨以其"贫士"而著名,显示出客家华侨较高的文化素质。

(五)乾嘉年间南洋华侨中的"客家帮"

清代中期,移民海外的客家人逐渐地多了起来,客家华侨已经受到了中国政府的关注。罗香林认为:"当乾隆中叶,嘉应人罗芳伯等,在婆罗洲的坤甸一带,建立兰芳大总制(共和国性质),其时那里的

客家侨民，已有三数万人，他们多是罗芳伯以前迁去的。"这些移民南洋的客家人，大多从事采矿业，还有一些让人印象深刻的"穷士"。在槟榔屿、马六甲和新加坡等东南亚地区，客家华侨按其职业大致可以分为两大群体：一是规模较大的矿工帮，一是规模相对小一些的工匠帮。

东南亚客家社会已经有了雏形，客家华侨已经不再是个别现象，而是具有整体的特征。他们已经形成了一个相对独立的群体，所谓的"客家帮"应当就是从此时开始的。他们集中居住在某个地区，创建了属于客家的村落和生活，而且常常与其他族群有所冲突。在海外华侨社会中，不同祖籍和方言的群体相对集中居住，相互间常常有较大的隔阂。在罗芳伯时代，老埔头以潮阳、揭阳和海丰、陆丰人居多，尊黄桂伯为"总大哥"。新埔头则以嘉应州人居多，以江戊伯为统帅。当时，坤甸的潮州人多不守礼法，好以强欺弱，常凌辱嘉应州人。于是，罗芳伯邀集同乡与之对抗，占据一方。

雍正十一年（1733），嘉应直隶州正式成立，下辖梅县、兴宁、长乐、平远和镇平，"嘉应五属"的概念很快便为世人所熟知，成为历史记录的基本单位，也成为客家人在海外的核心力量。大埔县与乾隆三年（1738）才组建的丰顺县则仍属于潮州府。罗芳伯以客家人为基本力量，建立了兰芳公司，其客家意识非常强烈。罗芳伯遗嘱规定，兰芳公司的"大哥"（首领）必由嘉应州人继承，副职则由大埔县人接任。这个遗嘱常被视为兰芳公司的落后性，但这恰恰是"嘉应五属"意识崛起的突出反映。

客家华侨组建了许多以联络乡情为目的的同乡团体，常称为会馆。这是"嘉应五属"意识提升的标志。嘉庆五年（1800），槟城建

兰芳大总制疆域图（资料片）

应和会馆（资料片）

原名应和馆，成立于1822年，是新加坡历史第二悠久的地缘性华族社团，是嘉应州华侨在位于直落亚逸街98号创立的第一个客属团体。

立广福宫；嘉庆六年（1801），槟城嘉应会馆成立，这是全马来亚最早的会馆。1821年夏，郑泰松、朱辛亚等人在马六甲成立应和会馆的前身梅州众记公司，1822年，刘润德在新加坡成立星洲应和会馆。19世纪20年代，大埔人在马六甲成立茶阳会馆。1857年，大埔侨领肖贤舞在新加坡成立茶阳会馆。客家华侨人口虽然相对较少，却率先且最积极地组织方言会馆，显示出更浓烈的方言群体意识。著名学者颜清湟认为，嘉应客家人在中国家乡进行采矿活动时已具有建立秘密组织的经验，兰芳大总制的政府统治则进一步丰富了他们的组织经验。这些经验促使他们为保护本群体利益而率先组织方言会馆。

客家海外移民中的代表人物及其活动，放大了客家人的映象，扩展了客家人的影响。"大伯公"张理、"客长"黄恒有、"大唐客长"罗芳伯等，都有其特定的活动空间，开辟了一方"领土"，谢清高则以其亲身经历而形成的《海录》名扬青史。马来亚的槟榔屿、印度尼西亚的西婆罗洲、新加坡、暹罗等地成为清前期客家人移民海外的主要迁入地区。其中，西婆罗洲、槟榔屿等地的客家人都早于西方殖民者的到来，并且是当地的主要开拓者。

兰芳公司与西婆罗洲的开发，也使印尼成为客家人过番的重要目的地。此后，在这些客家人的牵引下，大量客家乡亲漂洋过海而来，在此挥洒血汗。罗芳伯到西婆罗洲，甚至被认为是"开辟了一代客家人移民海外谋生的社会风气"。据估计，从罗芳伯之后到19世纪20年代的道光年间，每年移入西婆罗洲的中国人（主要为客家人）有3000人以上，有关客家侨商的记录也愈来愈多。嘉庆元年（1796），梅县松口溪西乡人古石泉在槟城的椰脚街（唐人街）创办了第一家中药店"仁爱堂"。到近代以后，客家华侨更是将南洋视为"外府"。

四　晚清客家侨商（一）：在海外

东南亚及世界许多大都市都有著名的唐人街区，这些街区以其华人特色而令人印象深刻，也是因华人的到来而繁荣的一个历史标志。但比这些唐人街更值得重视和骄傲的是，许多都市都因华人的到来而形成、成长，发展成为现代化的大都市。在这个进程中，各系华侨都做出了巨大的努力，流传着"客家人开埠，广府人旺埠，潮汕人占埠"的说法，这也表明了各系华侨的不同贡献。

开埠意味着这里已经有一群客家人，他们在经营着自己的新家园。开埠是许多客家华侨（甚至许多不同地域华侨）共同创业的硕果，是他们共同努力的结果。晚清时期，过番的客家人愈来愈多。客家华侨来到了人生地不熟的南洋，但他们并不畏惧人烟稀少或毫无人烟的荒凉，而是披荆斩棘，经常将某个荒凉偏僻的山地，开发为人口稠密的大都市，被誉为"客家人开埠"。客家人所开之埠，大多是由矿场发展而来。这是因为客家华侨多从事矿产开采工作，而这些矿场开初总是非常荒凉偏僻的山野。

客家人开埠时总会出现某个英雄人物，以领导大家抵御外来暴力。张理开发海珠屿，罗芳伯开发坤甸，他们是率先在南洋"开埠"的客家华侨代表。晚清时期，随着客家华侨的不断增长，随着南洋开发的深入，涌现出更多的客家开埠英雄：叶亚来开发吉隆坡，郑嗣文开发大霹雳，张弼士提升槟城客家力量，张煜南兄弟开发棉兰，姚德胜开发怡保，等等。

（一）叶亚来与吉隆坡

晚清时期，随着清政府海禁政策的放开，由于东南亚等地的开发，特别是国内生活的困顿化，大批华侨被招揽至南洋做工、经商。19 世纪中叶，马来半岛霹雳州的拿律，雪兰莪州的吉隆坡和巴生以及森美兰州的芦骨、芙蓉等地兴起的采矿业，吸引了大批客家人到来，客家人的到来则加速了这些地区的开发，涌现出一批著名的客家侨商，形成了一座座城镇。吉隆坡（Kuala Lumpur），今日马来西亚的首都，便是这样形成的，从一片荒凉的沼泽地开发为繁荣的大都市，其最初的发展便是客家华侨艰苦开发的结果，其开埠功臣，便是著名的客家侨商叶亚来。

叶亚来（1837—1885），本名茂兰，字德来，又称叶德来，也有人称他叶来。叶亚来是他担任马来亚吉隆坡第三任甲必丹时所用的名字。道光十七年农历二月初八（1837 年 3 月 14 日），叶亚来出生于广东省惠州市惠阳区秋长镇周田村。据叶氏族谱，叶姓入粤的始祖叶大经于宋末由闽入粤，迁入梅县开基，其十二代孙叶善迁入兴宁，再十二世传到叶日崇，迁入惠州惠阳周田乡，亚来是日崇的第八世孙。

童年时，叶亚来读过两年私塾，14 岁开始替人放牛或打短工。由于太平天国运动，广东局势持续动荡，惠阳同样受到严重的破坏，大量乡民都背井离乡到南洋谋生。咸丰四年（1854），17 岁的叶亚来也跟随同乡，来到了英属马来亚的马六甲。在马六甲，经族亲叶国驷（Yap Ket Si）安排，他到榴莲洞加（Durian Tunggal）的一家锡矿工作。4 个月后，叶亚来转到附近的吉山镇（Kesang），在其族叔叶五的杂货店当助手。在这里，他虽工作勤奋，却染上了嗜赌陋习，一年后，被叶五遣送回乡。但是，在新加坡等候大船回中国时，他又去赌博，输光了族叔给的回乡路费，他便折返马六甲，与同伴叶福步行至芦骨（Lukut）另谋生活。这也是叶亚来人生的一个转折点，他从此戒了赌，开始发奋创业。

在芦骨，叶亚来开始了新的生活。1856 年，他先在惠州同乡张昌的矿场当厨师，后改行经营生猪和锡米生意，生意逐渐扩至附近的双溪乌绒（Sungai Ujong）。他结识了当地华人甲必丹盛明利（Kapitan

Shi）的随身护卫刘壬光（Liu Ngin Kong），获邀加入盛明利所领导的海山派，成为刘壬光的助手，不再经营生猪生意。1860 年 8 月，双溪乌绒土人因争夺华人锡矿税收等利益而发生内战，交战双方分别获得了当地华人帮派（即海山派和义兴派）的支持。内战历时半年，死伤惨重。盛明利所领导的海山派战败，盛明利本人被擒杀，华人死伤估计有 6000 名，刘壬光和叶亚来亦受伤。战后，华巫各方互相妥协，并取得了寻找谅解以防冲突的共识。咸丰十一年（1861），叶亚石被推举继任华人甲必丹，但他没多久便卸任经商，并推荐时年 24 岁的叶亚来继任。

刘壬光负伤后则逃回芦骨，不久转往马六甲，后又往吉隆坡，投靠当地的第一任华人甲必丹丘秀（Hiu Siew）。不久后，丘秀病死，刘壬光被推举为第二任吉隆坡华人甲必丹，并邀请时任双溪乌绒华人甲必丹的叶亚来前来协助。同治元年（1862），叶接受了邀请，放弃了双溪乌绒华人甲必丹之职位，前往吉隆坡，帮刘管理锡矿，打理一般行政工作，还负责经营巴生港的商务。此外，叶亚来还同时经营两家自己的锡矿。他的公私生意都取得了不错的效益。1865 年，叶亚来又开设了德生药材店。同年，在刘壬光的撮合下，叶亚来与马六甲侨生女郭庚娇结婚。

1868 年，刘壬光病重时，挑选叶亚四继任华人甲必丹，但叶亚四推辞，不肯就职。于是，刘壬光在与当地马来领袖讨论，并在征得苏丹阿都沙末（Sultan Abdul Samad）的同意后，内定由叶亚来继任，于当年的端午节举行隆重的就任甲必丹典礼。叶亚来时年 31 岁。他的继任，受到了当地一批以刘、关、张姓宗亲为主的华人的反对，被认为资历不足。叶亚来依靠马来土酋素单莆亚沙（Sutan Puasa）的帮助，巧妙地化解了危机，并与马来领袖结成了密切关系。此后，他开始加强自己的武装实力，同时还制定了法规，对吉隆坡进行治理。

在当时的南洋，各地华人多以祖籍地关系来组织同乡会，同乡意识非常重。叶亚来受到了华族其他乡会的挑战，主要是张昌这些嘉应州来的客家人的敌对。与此同时，马来皇族内部分别以

惠阳叶亚来故居（资料片）

拉惹玛蒂（Rada Madhi）和拉惹阿都拉（Raja Abdullah）为首的两大集团间，由于锡米征税权而爆发了雪兰莪内战（1866—1873年），拉惹玛蒂取胜后，掌管了雪兰莪实权。1869年6月，他以苏丹代表的身份正式册封叶亚来为甲必丹，并举行了盛大的授封仪式。

仙四师爷宫（资料片）

但是，不到一年，拉惹玛蒂就被苏丹的女婿东姑古丁（Tunku Kudin）击败，且被赶出巴生。叶亚来转而与东姑古丁结盟。拉惹玛蒂重新组织马来军队，且拉拢叶亚来的仇家张昌集团，伺机反攻。1870年至1872年间，两军在瓜拉雪兰莪、安邦、万挠、古毛和吉隆坡等地展开争夺战。1872年8月，吉隆坡失守，叶亚来撤退至巴生。直到次年3月，在中国新募士兵和东姑古丁的马来军队及彭亨苏丹的援军协助下，叶亚来才收复吉隆坡，雪兰莪内战结束。1873年夏，东姑古丁专程从巴生到吉隆坡，重新委任叶亚来为吉隆坡华人甲必丹："巴生、吉隆坡光荣、英勇、胜利而忠诚的华人甲必丹。"

战后，叶亚来的任务也从战争转向了建设。饱受兵灾浩劫的吉隆坡满目疮痍，一片荒凉。从1873年至1880年间，叶亚来在与苏丹、副王东姑古丁以及英籍驻官都保持良好关系的基础上，全力经营吉隆坡，将战乱废墟建设成为雪兰莪的经济和政治中心。首先，他采取团结政策，积极协调华、巫各方各民族、各会党和各行业力量，特别强调民族和睦相处，这为他的各项政策措施奠定了基调。其次，他建立了一支高效的行政和司法队伍，建立了一支强大的会党武装以维护社会稳定。

在社会稳定的基础上，叶亚来向政府和英商借贷25000元，又以

部分锡产品作为抵押，取得欧洲人较低息的短期贷款。他从马来亚各地和中国大力引进劳工，以发展锡矿业，1875年，巴生和双溪乌绒分别有2000名、600名矿工迁至吉隆坡。经过苦心经营，吉隆坡地区逐渐发展为马来亚的锡矿中心之一，叶亚来则成为当时吉隆坡最突出的矿业家，拥有吉隆坡附近开采矿区总面积的一半。在19世纪80年代，他所经营的锡矿开采场的总面积已达1190英亩，矿场的技术设备、锡米产量在雪兰莪首屈一指，他在暗邦开辟的锡矿场被誉为当时世界上第一流的矿场。他还经营小型的锡米冶炼场、采矿工具维修作坊、种植园、木薯粉加工厂、采石场、砖瓦厂、石灰厂、养猪场与屠宰场等，在吉隆坡与巴生河东岸地区修建了数处码头与货仓，建造了一艘可在巴生河上通行的较大型的运锡专用货船。鼎盛时，有4000多人在叶亚来的矿场、种植园及其他作坊中工作。

政治稳定，经济发展，叶亚来既重视民生，又重视文教事业。他设立医院，开办安老院；在市中心设立仙四师爷庙（1875年落成），奉祀盛明利（仙师爷）和叶亚四（四师爷），奉他们为吉隆坡的保护神；兴建拿督庙和惠州会馆，以凝聚惠州乡亲的力量。1884年，他创办华文学塾，礼聘前清举人叶树纲为授课老师，这是吉隆坡第一间华文学堂。后来他将学塾改为"唐文义学"，增聘徐绍荪为教师，教授《三字经》、《增广贤文》、《千家诗》、《千字文》等中国传统教育内容。叶亚来创办的中文学塾，在马来亚播下了中文教育的种子。

叶亚来还大力进行吉隆坡的城市建设，大力发展市内外交通，在战前和战后所筑成的街道主要有巴刹街（Jalan Pasar）、老巴刹坊（Old Market Square）、安邦街（Ampang Street）、罗耶街（Rodger Street）、蒙巴登街（Mountbatten Road）、谐街（High Street）、火冶街（Foch

仙四师爷庙（资料片）

Avenue)、苏丹街（Sultan Street）、古路街（Pudu Street）、古路芭（Pudu Land）、茨厂街（Petaling Street）。他修筑了吉隆坡通往市郊的道路，将吉隆坡与各主要矿区连接起来。从吉隆坡至暗邦，双溪菩提七条石、巴都村板加兰五条石、甲洞七条石、新街场四条石古打僯村、半山巴蕉赖律三条石和双溪麻勒等地，都建成了大道。

经叶亚来的苦心经营，吉隆坡经济繁荣，治安稳定，交通便利，形势一片大好。1880年3月，吉隆坡取代巴生成为雪兰莪州首府和行政中心。此时，吉隆坡颇具城市规模，共兴建了200多间以板作壁、亚答叶作屋顶的商店与住宅，其中220间是较大的砖瓦结构的建筑物。同年，英国殖民当局开始接管吉隆坡行政管理权，叶亚来受邀为英殖民政府顾问，而且继续被任命为华人甲必丹，是"雪兰莪华侨公认的首领"，其职权主要局限于处理吉隆坡华人社会内部的问题，例如，调解帮派的纠纷，以及华人风俗习惯的事务。

公终於光绪十一年乙酉岁三月初一日卯时（即一八八五年四月十五日）

公生於前清道光十七年丁酉岁二月初八日寅时（即一八三七年三月十四日）

1881年1月，一场大火烧毁了吉隆坡全城220多间房屋，不久后，吉隆坡又遭特大洪水，92间新建的商店与住宅，包括叶本人的新住宅，都被洪水冲垮。在叶亚来的坚强领导下，到1884年，吉隆坡又建起了234座砖瓦结构的商店与住宅。1885年，吉隆坡的城市建设，工商业与交通运输业的发展已超过雪兰莪的首府巴生市。

吉隆坡的初步发展以及战后的重建和繁荣，都得力于叶亚来，因此，他被誉为"开辟吉隆坡的巨人"、"吉隆坡王"。至今，吉隆坡仍保留"叶亚来街"及他的塑像，每年农历二月初八叶亚来的诞辰日，常由仙四爷庙拨款在叶氏宗祠举行纪念活动，以缅怀这位开发吉隆坡的先驱。

1883年，叶亚来被清政府"例授中宪大夫叶茂兰敕赠三代"，受到了清政府的嘉奖。

光绪十一年（1885）四月十五日，叶亚来因患肺病和支气管炎，病逝于吉隆坡，享年48岁。在叶亚来病故当天和出殡之日，吉隆坡政府都停止办公，高级公务员全体参加殡仪行列。

（二）张弼士与槟城客家的崛起

张弼士，乳名肇燮，官名振勋，号弼士，清道光二十一年十一月初九（1841年12月21日）出生于广东省大埔县西河镇黄堂乡车轮坪村。父亲名叫张兰轩，又名彦三，是个乡村私塾教师，五六十岁了还往福建永定、上杭及广东龙川等地教书。母亲单氏，比丈夫小十几岁。张兰轩有4个儿子，肇燮排名第三，出生时父亲已经52岁，比大哥肇祥小15岁。

张弼士

车轮坪村是大埔有名的贫困小山村。旧时大埔有句谚语说："大埔有三坪，番薯栗子压唔赢，有女切莫嫁三坪。"所谓"三坪"，即西河车轮坪、湖寮黎家坪、枫朗溪背坪。张弼士小时家境贫寒，据说，张弼士13岁时到姐夫家牧牛，曾作山歌唱道："满山竹子背虾虾，莫笑穷人戴笠麻，慢得几年天地转，洋布伞子有得擎"，"满山竹子笔笔直，莫笑穷人无饭食，慢得几年天地转，饭蒸端出任你食"。山歌强烈表达了张弼士对温饱生活的渴望，反映了他童年时期生活的艰辛，也表现了他欲图改变贫困状况的志向和信心。据说有一次，由于张弼士一时疏忽，牛吃了别人家的禾苗，他姐夫因此气得狠狠地骂了他一顿。受到姐夫的"打落"，他显得不服气："你现在这样瞧不起我，将来我发了财，看你……"他姐夫反讥说："你如果会发财，咸鱼会翻身，阿弼，你发了财，姐夫灯笼倒头挂！"值得注意的是，他想到的并非是要做大官而是赚大钱。这表明近代客家社会已经以经济成就来衡量一个人的社会价值了。

大埔县张弼士故居（魏明枢　摄）

　　客家人有崇尚读书的传统。张弼士的父亲是一个塾师，他自小便接受父亲的教导，可以读一些书。然而，读书让他思考的不是学而优则仕的高官厚禄，而是要"破万里浪建树遐方"，要在海外创兴实业。据说，当他读《史记·货殖列传》时，就决定要辍读就商，以致富养家。历史上，大埔并不闭塞，而是受外界影响比较广泛的一个地区，明朝时发生过张琏等起义，清初郑成功的部队也到过这里。由于山多田少，客家山区的生活确实艰辛，"过番"成了客家人谋生的一条重要途径；又由于水路发达，闽南与粤东人民沿着韩江离开家乡，走向南洋甚至世界。到了近代，大埔乡间已经有了一批"在南洋起家"而扬名故乡的"番客"，出洋谋生已经成为一种风气。

　　家境贫寒的张弼士，在18岁时终于也踏上了"过番"之路，跟随水客来到了南洋荷属巴达维亚（今印度尼西亚首都雅加达）。那大清晨，在父亲倚门目送中，年轻的他恋恋不舍，似乎脚有千斤重而难移寸步，父子间难舍难分就像是生离死别。终于，他还是跟随水客过番去了。直到他发了大财，受到清廷的重视，他仍然对此耿耿于怀，对慈禧太后和光绪皇帝含泪诉说："岂得已哉！谋生故也。"

　　张弼士到南洋初期的情况，历史记载很少。可以想象，他初到荷属东印度，孤身一人，面临着人生非常艰难的时刻。但是，此时的南洋已经有了大埔老乡会之类的组织，他也得到了帮助。后经人介绍，他成为一家华侨商店的店员。机敏、勤奋和诚实的他赢得了一位老板

女儿的爱慕，最终结成了百年之好，他也得以在南洋初步立足。

关于张弼士在南洋的发家致富，有着不同的说法。无论如何，岳父的鼎力相助让他迈出了发家致富的脚步。同治五年（1866），他"见土地膏腴，最宜栽种"，于是在荷属葛罗巴创办了裕和独资无限公司，开辟荒地，种植米谷、椰子、橡胶、咖啡、木棉、茶等，这是他商业王

张弼士故居背临漳溪河，共设有上中下三个码头，这是中码头（魏明枢　摄）

国之发轫。光绪三年（1877），他又在日里与张煜南创办笠旺公司，种植椰子、橡胶、咖啡、茶。投资数百万，佣工数千人，先后开辟树胶园七八所，地广近千里，并试种华茶，购新机焙制。他认识到商务盛衰全恃金融畅滞，因而与张煜南创设了日里银行。后来，他又于荷属怡厘埠创办裕兴公司，种植胡椒；在英属文东埠（马来亚彭亨）创办东兴公司，辟商场，开锡矿。再后来，他在荷属亚齐创办了广福、裕昌等轮船公司，在槟榔屿创办万裕兴公司，开辟荒地，种植椰子、橡胶、杂粮各物，诸利并兴。总之，张弼士兼用荷英两国人之长，在荷属各岛专务种植，尽地利，在英属则专辟商场，兴商开矿，皆获厚利。

经过二三十年的艰辛打拼，张弼士终于从一个大埔的牧童成长为一名千万富商。论者总爱强调他承包荷兰殖民地的烟、酒、赌、当等税收使他发了大财，并成为荷属东印度、马来亚两地的巨富；甚至认为，他由于"极攻心计"而打败了竞争对手，且因

大埔县张弼士故居光禄第（魏明枢　摄）

此发了一笔横财。不论其手段如何，他同荷兰殖民政府的良好关系，使他获得了鸦片和酒类的专卖权，完成了最初的资本积累。

从孤身一人到千万富商的巨大成功是张弼士个人巨大智慧的展现。他个人的语言和计算能力也历来备受称道，自小跟随父亲读书，

对他在南洋的创业也有极大的好处。论者说，"承办饷码，领垦荒地，弼士莫不着手机先，获利倍蓗"。郑观应则归纳为：张"见南洋各岛荷人专务种植，尽地利；英人专辟商场，兴商开矿，皆获大利，思兼用其长"，并强调《史记·货殖列传》的经营哲学对他的重大影响。他不但强调要因地制宜，更要善于取人之长。他已经利用金融为经济发展的纽带，进行多元化经营。

槟城张弼士故居（资料片）

此外，良好的客观环境和时代条件也成就了他。他赶上了荷兰人正大力开发其殖民地的"好时代"，并适应了南洋形势的这种发展，将发展方向重点放在创办垦殖公司上。中国社会的动荡以及侨乡生活的艰辛，让华侨源源不断地南来，这使他获得了充足的劳动力。资本和劳动力在此形成了有效的结合，使张弼士在南洋创造了庞大的实业帝国。

张弼士从一无所有至千万富商的传奇经历中，有着许多关于他发家致富的故事。

1. 大箱子之谜

有一天，一位从欧洲来的海员，找到张弼士，请他验收一箱子的东西。张弼士对他说："我在欧洲没有亲戚，这东西不是我的。"海员感到不解，且面露难色："你看，地址和姓名都没有错，退回去我怎么交代？"虽然托运单上的收货人确实是自己，可是张弼士就是坚决不收。最后，那位海员建议将箱子暂时寄放在他那里，待复查清楚再作处理。临走时他还说："如果一年以后还没人领，这个箱子就是您的了。"一年时间很快过去了，箱子依然没人来取，张弼士也依然未将它打开，他还在耐心等待箱子的主人。此事在当地传扬开来，纸行老板非常欣赏他的诚实品德，将店里财务交给他管理，后来，又将自己的独生女儿许配给他。这位贤惠的妻子后来成了张弼士事业成功的助手。论者对此总是强调张弼士的诚实品德，然而，谁能保证那名海员不是有意找茬？张弼士不贪心而不上当，或许，更能体现的是他智

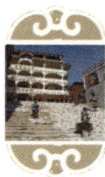

慧过人。

2. 善待酒客遇总督

张弼士在南洋经营酒馆时，有一段时间，一位年轻的荷兰军官经常来酒馆饮酒，每次酒后总是忧愁叹息，甚至有时无理取闹。张弼士见那军人虽酒后言行失态亦难掩其出身非凡的气质，

张弼士故居五知堂（魏明枢　摄）

认定此人非无赖之徒，而是内心有难言之苦。因此，他嘱咐店中人员待之以礼，既不歧视，也不收取酒钱。青年军官受此友善待遇，自感不好意思，询问究竟后便离开酒馆再也没有来。数年后的一天，总督府给张弼士送来请柬，邀他到总督府会见新任总督。新任总督正是多年前在酒馆闹事的那位青年军官。此后，他们成为亲密好友。张弼士的独特眼光让他遇到了贵人。

3. 怒掷御赐大花瓶

有一次，张弼士拟从巴城（巴达维亚）乘坐德国轮船公司的班轮赴新加坡办理商务，同行有四人：两位高级职员和一名德籍私人医生。然而，德国轮船公司规定华人不准坐头等官舱，因而只买了三张下等票和一张德籍医生的头等票。张弼士怒发冲冠，把陈设在客厅的慈禧太后赏赐的宝蓝大花瓶砸了个稀巴烂。于是，他决定创办轮船公司。后来，他购置了三艘海轮，创办了裕昌远洋航运公司，与德轮同走一条航线，并宣称他的船票凡德国佬一律不卖，且降价与之相抗衡。强烈的民族大义彰显了他人格的伟大。

4. 经商南洋

有一年，张弼士乘英国某公司轮船航行于槟榔屿、新加坡间，因在船中无事，他便拿了一本《海国图志》入休息室。同船的一个英国乘客要去翻阅了一下，发现书本印刷质量很差，于是显出鄙视的神态，嘲笑中国人学识肤浅。于是，张用马来亚语问英国人："你是来此经商的英国人吗？"英人答道："是。""那么，你一定是毕业于商业学校的?"张继续问道。"是。"英人答道。"那么，你一定在某大公司有大资本?""是的。"英人又答道。然后，张弼士说："我本人并不懂什么做生意的学问。但你们在海外经商都得到了你们国家的扶持，近则有领事之保护，远则有兵舰为后盾，即遇亏折，政府尚有所补助，我们却完全没有，难怪你们会如此轻视中国人。即使是这样，我也很想与你来个经商比赛，我们各以银二十万圆为资本，自选经营行业，五年为限。到时如果不如你，我发誓仰卧在通衢大道上让我给车马碾死!"英国人一时瞠目结舌。恰好船主进来，以谦恭姿态待张。经询问，英国人才知是鼎鼎大名的商界大亨张弼士，于是向张道歉。张告诉他："中国之所以弱，是由于中国的政治不善；英国之所以强，则是由于英国政治之善，这与其国的人民无关。"强烈的民族情感展示了其充足的信心。

张弼士之伟大，不仅在于他在南洋创造了极大的财富，开辟了一个新的华人社区，更重要的是，他能够将自己融入中华民族的伟大复兴事业中。他在南洋积极传播中华文化，在槟榔屿创办新式华文学校——中华学校，参与创办新加坡的应新学校，被誉为南洋肯牺牲无数金钱办学校的第一人。张弼士还是积极融入中国近代经济建设的华侨第一人，获得了清政府和民国初年北洋政府的首肯，其经济成就将在后面给予介绍。

郑嗣文

张弼士

在张弼士之前，增城客家人郑嗣文（景贵）已经在槟城有很大的势力，但随着槟城客家人力量的壮大，张弼士的影响逐渐有所超越。

054

张弼士不像其他开埠侨商专注于某个地区的开发，而是将自己的人生理想与中国的民族发展紧紧结合，因此很早就能够与中国政府取得联系，进而成为槟城首任领事，后来槟城领事长期由客籍人士担任。客家人依靠中国政府的力量，成为槟城第三股势力，人口虽然只占当地华人的10％，却有着更强大的号召力，这是以张弼士为代表的槟城客籍领事们的功绩。当然，他们的威望不仅源于借助中国政府的权威，更重要的是他们积极介入槟城华侨事务，乐善好施，为槟城社会发展作出了突出的贡献。

1916年9月12日（农历八月十五日），正值中秋，张弼士在荷属东印度巴城寓邸设宴招待中外宾客，宴会中突发心肌梗死，病逝于巴城荷兰皇家医院，享年76岁。按其遗愿，移柩返原籍大埔安葬。灵柩自巴城过槟榔屿，及由新加坡至香港，英、荷殖民政府皆下半旗志哀，香港英国总督及香港大学监督，均亲临致祭。翌年5月，民国大总统黎元洪特派广东省省长朱庆澜专程前往大埔致祭张弼士，朱庆澜的挽联是："念粤中实业萧条，惜彼苍不留此老！比汉代输边踊跃，问当世更有何人？"

（三）张煜南、张鸿南兄弟与棉兰

张煜南

张鸿南

张煜南和张鸿南兄弟是印度尼西亚著名客家侨商，是打造印度尼西亚棉兰华人社会的先驱。棉兰（Medan）位于苏门答腊岛东北部日里河畔，如今的棉兰，是印度尼西亚仅次于雅加达、泗水的第三大城

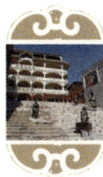

市，也是苏门答腊岛第一大城市、北苏门答腊省首府，人口约 211 万，其中华人约占 20%。大部分华人经商，市内 80% 的商店为华人所拥有。这里是海外客家人后裔在印度尼西亚的重要聚居城市。这种变化的开端，得益于张煜南、张鸿南兄弟。

梅县松口张榕轩祖居（魏明枢　摄）

张煜南（1851—1911），号榕轩；张鸿南（1861—1921），号耀轩，广东梅县松口人。年少时，张煜南也读过书，但因家贫而中途辍学，在松口镇做米谷生意，一般认为，张煜南因在家乡做生意亏损而告别双亲，漂泊南洋，到巴达维亚谋生。松口是梅江河上重要的港口，自古松口不认（嘉应）州，就是因为此处有优良的河湾，不远处有蓬辣滩，这里是梅江河运重要的中转和休息地点。此时，松口已经发展成为梅江流域下南洋的重要河港，在家乡找不到出路的大量劳力都过番去谋生，这种过番风气对于年轻的张煜南具有榜样和牵引作用。

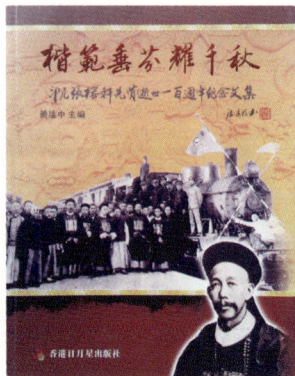

张煜南先投奔巴达维亚的张弼士，甚受张弼士的器重。经一段时间的积蓄后，他便自立门户，开始创立自己的事业。他注意到，随着棉兰种植业的扩展，荷兰殖民者已经开始经略苏门答腊棉兰地区。19 世纪初期，棉兰只是个小村庄，人口不过一两百。1861 年，闽南移民开始来到这里。1863 年，几位住在爪哇岛的荷兰人到此种植烟草，因深受欧洲市场的欢迎，烟草种植便不断扩大。他们首先在日里河（Deli River）与巴布拉河（Babura River）交界处设立日里公司，这是荷兰人在棉兰的第一家种植公司。

种植业的兴起吸引了大批华工到此地谋生。大量劳动力从新加坡、槟榔屿和广东等地转移而来。1865 年，太平天国残余主力约 10 万人，在闽粤赣边与清军周旋，最后，太平军梦断嘉应州。战乱结束，太平军余众纷纷远逃海外，嘉应州和闽粤赣边地区民生凋敝，嘉应州

客家人也将过番视为一条重要的谋生道路，成为棉兰种植业的主力。

随着华工的不断移入，棉兰的唐人街也逐渐得到了发展。从19世纪70年代开始，华人移民区沿着日里河东侧向东南延伸，在离日里公司约一公里处的Kesawan发展出唐人街市。此后，广东、福建移民陆续大量涌入棉兰，棉兰的中国移民社会开始形成，陆续出现移民的庙宇：1878年，潮州移民建成真君庙，关帝庙、观音宫（尼姑庵）、寿山宫（和尚庙，信奉观音）和天后宫（妈祖庙）等先后完工。寺庙和宗教信仰，成为棉兰华人社会的重要内容。就在华工移入潮中，1875年，张煜南也移居棉兰，并且很快崛起。

1878年，张煜南与张弼士合资开办笠旺公司，踏进了种植行业，他在离棉兰十几公里处开垦荒地，种植甘蔗、橡胶、椰子等。1879年冬，张鸿南也南下棉兰，成为张煜南的得力帮手。兄弟同心，其利断金，加上家乡劳力的源源而来，其种植园的发展欣欣向荣。不久，张煜南又与张弼士在Kesawan合资开办了日里银行和商号，随后又开设万永昌商号，他们的业务上了一个新台阶。经过十多年的锐意经营，张煜南成了棉兰华人首富。

棉兰的发展靠种植园，靠华工。1905年，棉兰人口总数13000多，其中欧洲人约950，本地人2000多，印度人、阿拉伯人和马来人等3700，华人则有6400左右，并且掌控了当地的零售行业，唐人街亦成为主要商业区。

但是，棉兰苏丹及荷兰人仍然是当地的统治者。19世纪80年代，棉兰苏丹在日里河东侧离唐人街市西南方不到一公里处建盖了王宫，向种植业者收取可观的特许金。种植业的发展，也吸引了欧洲人来此种植橡胶、茶、咖啡、可可和棕榈等。欧洲种植园主要位于邻近两河交界处的日里河东侧，其他种族亦各有居住区。

随着财富的增长，张煜南成为荷兰殖民当局的重要拉拢和依靠力量，他亦主动与荷兰人建立良好的关系，张鸿南则以"张阿辉"之名驰名于当地荷兰人与其他族裔。1884年，张煜南开始担任管理华人事

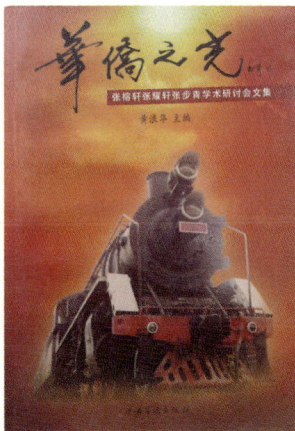

057

务的"雷珍兰"（Luitenant Chinees），后来又升为"甲必丹"（Kapitein Chinees）和"玛腰"（Major Chinees）。雷珍兰为甲必丹副手，玛腰即市长，均为管理华人的行政官员。张煜南担任玛腰一职长达20多年，还担任过最高法院法官。当他被提升为华人甲必丹时，张鸿南也被委任为华人雷珍兰。在其事业鼎盛期，雇用员工达10000人以上。在与荷兰人建立良好关系的基础上，他们获得了当地市政基础设施建设的特权，建造了华人区的肉品市场、鱼市场和蔬菜市场等等。

在大力经营棉兰的同时，张煜南也追随张弼士到马来亚的槟榔屿。1894年，张弼士升任驻新加坡代理总领事后，张煜南接任槟榔屿副领事，任期达9个月。甲午战争后，在张弼士带动下，张煜南兄弟积极回国投资（其事迹将在下文介绍）。正是在这种背景下，张弼士的大量精力都放在中国国内，在东南亚各地的业务则委诸张鸿南经营。

1911年，张煜南病逝于棉兰，享年61岁，举国悲痛。1916年，其家属在巴布拉河上建造了贞德桥（又被称为张煜南桥，因桥上四根黑色大理石桥柱上的金色装饰在夜间闪闪发亮，故也被称为珠宝桥），以作纪念。2001年，苏门答腊历史遗产信托基金会对这座桥梁进行了翻修。棉兰至今仍保留着张煜南的墓园。

张煜南去世后，张鸿南继承了棉兰玛腰一职，其实业继续发展，被时人称为"雄视一方的张玛腰"。1900年，他在Kesawan建造了一所结合中欧式样的花园洋房，房子已经成为棉兰市的文化遗产。在其任内，张鸿南成为荷兰阿姆斯特丹皇家热带研究所的创始成员，促成棉兰至其出海口百老湾（Belawan）铁路的通车，捐赠修建了市府大楼的钟塔。

梅县松口张榕轩故居（魏明枢　摄）

进入20世纪以后，张鸿南在房地产行业辉煌时期，拥有棉兰市区75%的建筑物。从19世纪70年代到第二次世界大战日本入侵之前，抵达棉兰的华人苦力大致有30万人之数。在中国最苦难的年代，张鸿南透过其事业与房地产业，给这些流亡异国他乡、颠沛流离的最底层中国难民提供了安身立命的场所与机会，也算是造福一方了。

张鸿南的住家两旁，是临街两侧各一排的两层楼房，楼下是店面，楼上为住所。这些房子就是最早的唐人街的中心，都是木造的，1889年的一场大火烧掉了其中的六七十家，后来都改建为砖造的房子，但整条街有一半的房子都属于张鸿南所有。直到20世纪60年代后期印度尼西亚总统苏哈托执行排华政策之前，这些店面都一直挂有中文的招牌和店名。目前，除了张鸿南的房子之外，整条街道虽然仍属棉兰的中心区，但已完全看不出中国风味了，不过店主仍有不少是华人后裔。

1906年，张氏兄弟购买了一家荷兰人因经营不善、濒临倒闭的橡胶种植园，成为苏门答腊岛上最早拥有橡胶种植园的华人。两人以先进的经营理念，雇用荷兰人多尔夫（Dolf Kamerlingh Onnes）为经营总管。张煜南去世后，张鸿南继续扩大经营，到1919年，他拥有将近20家种植园。

1909年，棉兰市议会正式成立，共有19名议员，张鸿南是其中唯一被任命的华人议员，其余主要是欧洲人。1918年，他从荷兰殖民者手中拿到了鸦片专卖权。在张弼士1916年过世后，他又创办了巴达维亚银行。虽然财富庞大，但他一生行善不疲，不断捐赠修建医院、华人庙宇、清真寺和学校，其捐赠数额的庞大和捐赠种类的繁多，在棉兰无出其右者，他也因此受到了棉兰各族裔的爱戴。在他庆祝担任华人公职30周年时，各族裔的人，包括华人、荷兰人、印度尼西亚人、马来人、印度人齐聚一起，为他举办了连续3天的盛大活动，爆竹、庆典、盛宴不断，可谓盛况空前。

值得一提的是，在松口同乡也是同盟会会员谢逸桥的推荐下，他向孙中山捐献了巨款。中华民国建立后，孙中山亲书"博爱"条幅以致谢。

1921年2月8日，张鸿南在棉兰病逝，与张煜南一样，享年61岁。出殡之日，不分种族和国籍，人们从亚齐、巴东、爪哇、槟榔屿、新加坡等地赶来参加葬礼，对这位曾为发展棉兰地区的经济、为当地社会做过许多好事的一代华侨先贤表示哀悼。

棉兰从一两百人的小村，发展为印尼第三大城市，依靠的是种植园，依靠的是大量华工，在当时，棉兰是烟草、橡胶、椰子、茶、油棕等农产品集散地和加工中心。而棉兰的发展和成长，张煜南和张鸿南居功至伟。

（四） 姚德胜与怡保

姚德胜（1859—1915），1859 年出生于广东省平远县大柘乡高甸村，家名德胜，字峻修，号克明。姚德胜兄弟 3 人，他居长。德胜年少时便因家贫而中途辍学，随父挑盐到 60 里外的江西寻乌、门岭一带贩卖，换来米粮挑回家乡卖，整日行走在粤赣边区山间，收入微薄，度日艰难。

1878 年，姚德胜 19 岁。有一天，他听到热柘"水客"余宗二谈到南洋的情况后，便毅然决定过番谋生。他辞别亲人，跟随余宗二，在坝头上船，顺流经蕉岭县新铺、梅县松口至潮州府之汕头，转乘船到香港，再从香港到达新加坡，转到马来亚芙蓉埠。也有人说，他是步行到汕头，与船主商定"以工抵票"，通过在船上帮工才得以到达马来亚。

来到马来亚，姚德胜先在森美兰州的芙蓉当采锡工。芙蓉县位于马来西亚之西南部的森美兰州，在吉隆坡之南、马六甲之北。森美兰是马来语 Negeri Sembilan 的音译，意思是"九个州"，其首府在芙蓉（Seremban）。如今的森美兰人口总数为 970604，58.3% 是马来人土著，华人占 24%，印度人占 15.7%。大概有四成人口都居住在芙蓉县，而且芙蓉县也是州内人口最密集的区域。森美兰州的华人以客家人为主，因为地理环境靠近吉隆坡，大部分芙蓉人皆以粤语交谈，南部靠近马六甲州和柔佛州的市镇则一般都以华语或福建话沟通。

但是，在姚德胜到来时，芙蓉只是一座新开辟的依靠矿工而存在的小市集，住房都是用树皮和茅草搭盖起来的"亚答"。条件虽然非常艰苦，但他工作努力，因生产效率特别高而受到矿主的器重，被提拔为管工。经过一段时间勤俭和精打细算的日子，他有了一点积蓄后，便坚决辞工经商，移居怡保，当小贩，开杂货铺，经营自己的小生意。

平远县大柘镇杞园村高坎下姚德胜故居（资料片）

怡保是马来西亚霹雳州首府，位于近打河畔，因当地盛产一种名叫"怡保"的有毒树木而得名。它位于吉隆坡之北约200公里，槟城之南，是马来西亚仅次于吉隆坡、槟城、新山的第四大城市。因四周被岩石山岭环抱，怡保有"山城"之称，从前也被称为"坝罗"。19世纪末，随着采锡业的兴起，怡保一直是马来西亚锡矿开采中心，有"锡都"之称。怡保是客家人最集中的地方，当时有句谚语："凡有水流处，就有客家人。"如今的怡保各区人口超过75%是华人，因而怡保的学校主要是中文学校，以华语为主。但是，姚德胜到来时，怡保并不比芙蓉好多少。

在怡保，姚德胜先经营豆腐、馒头生意，夜制日售，小生意经营得红红火火，成为一个小商人，每月可收数十金。于是娶妻成家，进而开设了一间较具规模的杂货店，取店名为"姚德和"。由于经营有方和交流日广，姚德胜的小生意日益兴旺，逐渐成为当地的富商。

日渐富有的姚德胜，开始思考生意的转型和发展，于是，他购入位于怡保暗邦附近数千英亩的山地，开始投资开发怡保锡矿。他一方面惨淡经营，另一方面又大胆投入，采用新式机器以提高采锡效率。他改善劳动条件，在十余英里远的河边铺设水管，引进河水至大水库，使用水力冲击方法进行开采。他的产量比人工开采高出百倍，盈利亦远超同行，怡保的锡矿产量亦随之跃居全马之冠。他还和其他侨商合资承包霹雳、森美兰等地的酒税和典当税。年方三十出头的姚德胜也成为声震全马的矿业先进和当时华侨巨富，其经济实力受到英殖民当局的重视，成为全马华侨领袖。

怡保"姚德胜街"（资料片）

　　成为富商后，姚德胜努力造福侨胞。他在大、小吡叻大力发展地产业，与郑贵、陆佑共同承包吡叻、芙蓉等地的酒税和典当税，与李相生、郑吉楼联名发起组织嘉应旅吡叻同乡会。他率先捐出巨款，筹建怡保嘉应会馆，购赠店铺6间为会产，以租金收入作为会馆的经常费。会馆落成之日，他被全体同乡推举为会长，连任10年。他又大力推动和捐助雪兰莪、森美兰等地成立嘉应会馆。后来马来亚各地30多间嘉应会馆的成立，都得到了他的资助。他又发起成立吡叻中华总商会和吡叻矿务农商总会。所有这些会馆都有效地维护了侨胞的利益。姚德胜还积极在南洋捐资办学，在怡保出资创办育才中学，资助开办明德小学，在新加坡捐款开办应新小学。

姚德胜塑像

　　怡保于1880年开始建市，但直到1892年，仍只有"亚答"店铺百余间，当年的6月1日，怡保发生大火灾，店铺被焚毁过半。1904年，英殖民当局请姚德胜为怡保市出资建设新街市，他欣然答应，在近打河对岸荒地建新街一条。他规划新市区，建筑了一式两层楼房的店铺216间，构成全长一公里的新街（后来被命名为"姚德胜街"）。姚德胜共出资金数百万元，并亲自招工备料。1904年开始准备，1906年破土动工，1908年落成，怡保迅速成为初具规模的现代商埠。

　　姚德胜的功绩与怡保相连在一起。怡保人也铭记着他，为表彰其

岭南文化书系

客家侨商

建市功绩，姚德胜新建之市场被命名为"姚德胜公市场"，怡保市至今还有"姚德胜街"，英皇赠予"和平爵士"的称号，马来王以鸣礼炮19响之殊礼迎见，被怡保人民赞为"前无古人"。

姚德胜虽然在南洋创业，但他一向牵挂着家乡建设，竭其所能回报和造福乡梓，在故乡做了大量慈善事业，为家乡文化教育和生产建设作出了极大的贡献，这将在后文加以介绍。

1915年1月8日，姚德胜于故乡平远溘然长逝，享年56岁。安葬之日，送殡者达万余人。

五　晚清客家侨商（二）：在中国

　　在晚清政府融入世界的发展进程中，以张弼士、张煜南等为代表的客家侨商积极响应清政府的号召，成为国内深受瞩目的一个商人群体。真正具有现代意义的"客商"崛起于19世纪中后期，他们大多有着华侨的背景，在与西方殖民主义者的交往中，形成了强烈的现代民族国家思想。他们努力投身于中华民族的伟大复兴之中，执着于"实业救国"的伟大行动。他们的爱国激情，也获得了清政府的赞赏，成为深受晚清政府重视的侨商。

　　近代客家侨商经历了南洋创业的艰辛打拼——如张弼士便经历了从放牛娃到千万富翁，这是一个经济巨人的崛起过程。他们富而思进，将个人的自我奋斗融入到民族、国家的生存和发展之中，这是民族认同的自我升华过程。他们很早就开始重视国内的经济投资。1880年，轮船招商局到新加坡向华侨招集股金，张弼士与其他38名侨商共投资65200两，张弼士个人就投资了3600两。这是张弼士在国内经济投资的开始。

　　在洋务运动中，李鸿章等洋务要员一直以来都非常重视利用侨资。洋务官员很早就萌发了利用侨资发展洋务事业的思想，并积极地落实。他们利用侨资的方式和手段很多，而且效果也很好。客籍侨商在其中有着很突出的影响，受到了洋务高官们的欣赏和肯定。比如，张弼士在19世纪80年代就因其捐资而受到了时任两广总督张之洞的赞扬，他与船务大臣何如璋也建立了良好的关系。

　　甲午战争前，洋务派所利用的侨资主要是赈灾等慈善和消费性的资金，只有小部分投资于生产建设中（比如南洋侨商购买招商局股票）。但是，正是洋务派利用侨资的实践，让清政府能够清楚地看到

华侨对于中国的重要性和积极性，进而不再视华侨为奸民、莠民，逐渐改变华侨政策。1893年，清政府明确宣布废除海禁政策，听任华侨回国谋生置业，并与内地人民一律看待，且允许其随时出洋经商，禁止并严惩官绅讹索华侨。于是，华侨的国民地位在法理上、制度上得以确立，进一步推动了华侨回归国内的政治、经济建设。

甲午战争的失败，极大地刺激了一批先进的中国人，他们意识到洋务运动的不足，进而形成了发展近代实业的共识。清政府欲图自强而加强了近代经济建设，在国库空虚而建设紧迫的背景下，开始重视招徕和利用民间资金，客家侨商便成为他们招徕的重要对象，这与洋务派利用侨资的实践是一脉相承的。在甲午战争后清政府所形成的招商引资政策中，华侨被寄予了深厚的期望，侨资成为投资于生产和建设中的重要"资本"。

客家侨商先前与洋务派所建立的紧密联系，使他们很自然地被拉进并融入到中国近代经济建设之中，著名客商张弼士成为其中的佼佼者。作为华侨资本家的典型代表，他被清政府有意树立为招商引资的旗帜，参与筹建芦汉、粤汉等铁路以及中国第一家近代银行——中国通商银行，他独资创办的山东烟台张裕葡萄酿酒公司则成为清政府实行招商引资政策的标本企业。

庚子事变后，招徕侨商和侨资以发展近代实业经济成为清政府从中央到地方决策中的重要施

晚清时局图（资料片）

政方针。清廷进一步强调了近代实业发展在国民经济中的重要地位，对侨商和侨资寄予了更高的期望。张弼士适时地向清廷提出了关于商务发展的思考，以及与列强进行"商战"的主张，张弼士与张煜南、胡国廉等客家侨领随即被赋予了招商的重任。

总的来看，以张弼士和张煜南为代表的近代客家侨商，"初则学

商战于外人，继则与外人商战，欲挽利权以塞漏厄"。他们热情响应清政府的号召，成为清政府实施工商新政的重要招徕对象，成为推动中国实业建设和经济改革的一股重要力量，成为清末工商新政的典范。面对急迫的民族危机，他们高举"实业救国"的旗帜，积极回国投资，在中国创办了一批影响深远的近代企业，成为华侨投身国内近代实业建设的先驱。他们在中国早期的近代实业实践中写下了许多动人的篇章，成为19世纪末和20世纪初中国近代实业舞台上最为耀眼的明星，奠定了客家侨商在中国的历史地位。

（一）清政府的招侨引资政策与客家侨商的应对

甲午战争的失败，给腐朽的清政府及古老的中国都带来了巨大的震动。《马关条约》签订后，由于赔款数额太大，户部便奏请清廷广开财源。1895年6月18日，清廷发布上谕：目前国家正值艰难之时，财政匮乏，全国人民都应当合力同心，以渡过目前的困难。又命令户部让大学士、六部、九卿暨各直省将军督抚等高官，就如何开源节流以筹集巨款各抒所见，供朝廷采择。

光绪皇帝

1895年7月18日，给事中褚成博上奏，建议各直省的船械、机器等企业都改归商办，以开利源。褚成博强调应允许私营工商业的发展，认为民营工商业乃重要"利源"。对此，清廷谕令户部议奏，后来户部奏称：中国有制造机器的企业不下八九处，历年来耗费了不少经费，在对外战争中却仍然必须向外国采购军火，平日工作不努力，产品也不精制。福建造船厂每年花销银60万两，但仍未能自制大铁甲舰；湖北枪炮和炼铁工厂已经经营了好几年，花费了很多钱财，却未见其产生实际效益。他们认为，如能仿照西方国家，将企业改出商人承办，这是弊少利多之事。显然，发展近代国防工业的急迫性以及洋务运动成效不够显著已经成为清政府内部的共识，变法维新以发展私营工商业已经深受朝野人士的赞同，并且为清廷最高当局所接受和重视。

1895年8月11日，光绪帝发布上谕：制造船械等近代实业乃中国实现自强的重要途径，但以前所办之企业花费很大却未能实现应有

的效益，因此"亟应从速变计，招商承办，方不致有名无实"。上谕强调：南洋各岛及新旧金山等处都有许多华侨富商，应当劝说他们回国投资创业，他们也必定会乐于回国投资。光绪帝谕令边宝泉、谭钟麟、马丕瑶选派廉干妥实人员，出国去宣传清廷的招商引资政策，设法招徕侨商和侨资，或者投资承办旧有企业，或者另择土地建立新的企业。清廷强调："一切仿照西例，商总其事，官为保护。"如果侨商资金稍有不足，还可得到政府资金的支持。光绪帝上谕肯定了制造船械等近代实业的国防军工意义，表明他们继承了洋务实业的国防和军事的思想主张，但他们吸取教训，强调原有的经营方式不当而"亟应从速变计"，具体政策就是要"招商承办"，强调要积极鼓励私人自由创办工商企业，侨资则成为其中最重要的招徕目标。上谕对引进利用侨资的原则、形式、办法及步骤等都作出了政策性的规定，点名要求边宝泉、谭钟麟、马丕瑶等封疆大吏积极推行商办政策，要派专人招徕侨商。

总之，甲午战争后，发展近代实业已经受到了举国上下的高度重视，清政府内部也已经达成了发展近代实业的共识，只是在如何开始着手以及资金来源等方面存在着极大的分歧而已。为了解决财政匮乏与实业建设的资金矛盾，清政府形成了招商引资政策，侨商和侨资被赋予促进国内经济发展的重任。就在这种背景下，以张弼士和张榕轩、张耀轩兄弟为代表的粤东客商被清廷寄予高度的期望，他们也因此积极回国投资，成为晚清近代化经济建设大潮中的佼佼者。

慈禧太后赐给张榕轩的照片
（资料片）

但是，戊戌变法的失败，导致清政府的招侨引资政策受到了极大的挫折。义和团运动后，清廷痛定思痛，开始重新考虑变法事宜。由于国库空虚，财政压力剧增，更加迫切要求发展工商业。清廷的目光非常自然地向华侨富商聚集。

1903年3月21日，清廷发布上谕，令沿海各省督抚严肃告诫地

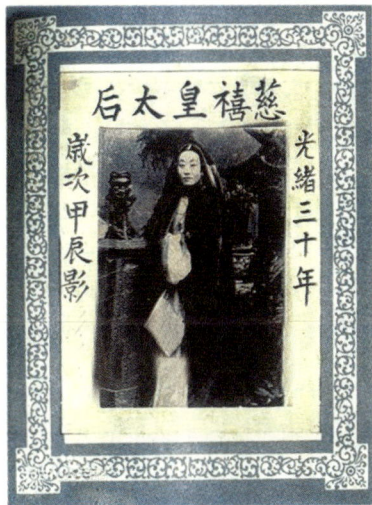

方官，采取措施，切实保护回国华侨。上谕强调，大量华商到南洋各地做买卖，他们熟悉中外情形，特别是深深地懂得国家对于他们的重要意义，因此，他们虽然侨居海外，内心却念念不忘其故乡。朝廷对此表示特别赞赏，因此多次谕令沿海各省必须采取措施保护归侨。现在朝廷正在大力发展经济，讲求商务，这就必须更加设身处地为侨商着想，从其实际处境出发，给以同情和照顾。如果有人胆敢讹索归侨，必定要按照法律给予严惩，决不宽贷。清廷还谕令沿海督抚及商务大臣、出使大臣要加强宣传朝廷的华侨政策。显然，华侨与侨资受到了清廷更高的期望。

4月27日，清廷发布上谕，令载振、袁世凯、伍廷芳先制定商律，然后选定官员，设立商部，以"提倡工艺，鼓舞商情"，改变从前的官场陋习，形成官商联络一气而无丝毫隔阂的共同发展经济的局面。清廷认为，发展工商业本应是治理国家的关键工作，但过去积习相沿，视工商为末务，以致国计民生日益贫弱。目前，急迫需要纠正以前不重视经济发展的局面，就需要增加民众的财富，这是国家发展的根本。显然，清政府已经增添了一定的管理国家经济的政府职能。清廷开始号召转变鄙视工商业的传统政策，制定新的商律，设立商部，以进一步发展工商业。

就在这种发展经济的窘迫背景中，客家侨商适时地出现，清廷也乘机抓住客家侨商，以树立其发展经济的重要旗帜。由于张弼士筹建芦汉、粤汉铁路的出色成绩，以及捐款20万两资助兴办路矿学堂，1903年夏天，张弼士受到了慈禧太后和光绪皇帝的接见，被寄予了"招徕华商、振兴商务"的殷殷期望。在接见中，张弼士积极回应清廷发展工商的政策，向光绪皇帝和慈禧太后阐述了自己关于发展中国经济的见解，即《商务条议》12条，就当时经济发展面临的困境作了专门的探讨，建议积极采取措施，改变传统经济体制，以促进经济发展。清廷将张弼士《商务条议》12条交贝子载振和会办商务大臣伍廷芳"妥议具奏"。经讨论，他们认为，张弼士强调发展经济必须农工商三者并重，其条议中有的可以立即施行，有的则要有所变通，有的目前还不能施行，有的则是借鉴外国行之有效的办法。他们同意张弼士先设立商部的建议，以领导经济改革，发展经济。显然，清廷大致同意了张弼士改革和振兴中国经济的意见和主张。

在张弼士改革与发展经济的建议中，他特别强调华侨及侨资在中国经济发展中的重要地位，建议采取措施，积极招徕。在《招徕外埠商民议》中，他就清廷3月21日保护归侨的上谕作了专题讨论。他说，假如地方官遵照政策切实保护归侨利益，肯定会得到大量侨商的响应而归国投资。但是，近年来，比如息借商款、昭信股票、绅富捐之类，政府虽有不得已的苦衷，但其已经失信于民，民众都担心政策朝令夕改。因此，要想招回侨商以发展经济，一定要做一两件大事，以增强侨商回国投资的信心。总之，必须采取措施消除海外侨商回国投资对政府政策的疑虑。

张弼士也非常明白清廷对其招徕侨商和侨资的期望，并给予了非常积极的回应。1904年10月21日，他咨请商部奏派大员办理福建、广东农工路矿事宜，商部则推荐他"充商部考察外埠商务大臣，督办闽广农工路矿事宜"。他以自己在国外创造的大量财产和对于中华民族的深厚感情，不遗余力地投身于国内实业建设。郑观应对此评价说，最难能可贵的是，张弼士拥有雄厚的资本，虽然年龄已经很大了，却仍然殚精竭虑地为国家经济

张弼士

发展而奔波，这无非是想以提倡实业而完成其救国救民之意愿，这种报国精神，完全不逊色于汉代为打击匈奴的卜式和伏波。

此后，张弼士及其所代表的"侨资"被寄予更高的期望，客家侨商的影响也愈来愈强，成为清末新政期间侨商与侨资的旗帜。1905年6月12日，张之洞对两广总督岑春煊和广东巡抚张人骏说，张弼士侍郎和张煜南京卿等客家侨商都拥有雄厚的资本，在废除中美粤汉铁路合约中，他们应当尽更多的筹款义务。8月8日，岑春煊在其电奏中说："粤汉铁路争回自办……拟请特派太仆寺卿张振勋，出洋集款，广召内外华商，不令暗杂洋股。"广东的许多新政事业实际上都是在岑春煊任内才真正开展起来的，岑春煊则将广东许多重大实业建设的筹款任务明确地交给了张弼士和张煜南等客家侨商，比如，他要求张

弼士为华粤通商银行和省城自来水工程招股与投资。1910年南洋劝业会闭幕后，由广东巡抚调任两江总督的张人骏特推荐张煜南去南洋招商，其中还充分肯定了张弼士的招商成就，"查候补三品京堂张振勋，前由商部奏奉派充考察外埠商务大臣兼督办闽广农工路矿各事宜，已有成效可观"。

如果说甲午战争后张弼士等客商是应时地参与了国内的近代实业建设，那么清末新政时期则是积极而主动地介入其中，为中国的近代工商业发展提出了许多建议，且在近代实业建设中作出了重要的贡献。除了继续大力办好张裕外，他们还积极筹资修筑铁路，引领和指导广东的近代实业建设。

（二）客家侨商与清末铁路建设

1. 张弼士参与芦汉、粤汉铁路的筹建

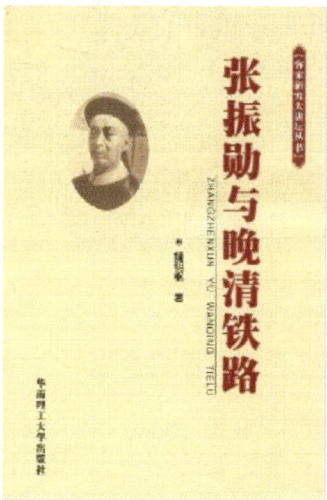

作为芦汉铁路的兴起人，张之洞在甲午战争前并不认可借外债修路，因为他当时强调修筑铁路只是生财之道，借外债则成本太高，从经济角度看显然并不划算。甲午战争后，铁路建设寄托着中国人民族自强的愿望，张之洞与刘坤一等洋务高官也开始强调，要建设巩固的国防就必须加紧修建铁路，因而转而坚持必须借外债赶紧修筑铁路的主张。

晚清铁路建设资金从一开始便是困扰清廷的核心问题。实际上，铁路建设资金来源有三：商股、官款和洋债。芦汉铁路建设资金的筹集很好地反映了清廷内部对于三个资金来源的态度：清廷由于国库空虚，官款难于承担，又害怕借洋债，便想谋求借重于商人资金，因而形成了芦汉铁路商办的政策。1895年，清廷颁布谕旨："凡各省富商能集股在一千万两以上者，准其设立（铁路）公司，自行兴办。"

面对清廷的铁路商办政策，侨商许应镕等起而积极响应，提出由他们筹款修筑。但是，张之洞和盛宣怀等主持修筑铁路的高官们却坚

信，在短时间内，华侨商人完全不可能筹措到如此庞大的铁路建设资金，向列强贷款是唯一可行的办法。他们暗中形成了"洋款归宿"的原则。他们与清廷之间的分歧主要在于对外债的态度：后者本能地排拒它，以致望而却步，商股（包括侨资）成为他们最放心的资金来源；前者虽充满了戒惧，借外债却是他们无可奈何的选择。

在张之洞、王文韶和盛宣怀等人的策划下，为应付清廷的铁路商办政策，著名客家华侨富商张弼士开始参与芦汉铁路建设资金的筹措，并被树立为侨商旗帜，以筹集侨资。芦汉铁路的商办政策反映出清廷最高决策层引进侨资的意图，张弼士的介入恰恰符合了清廷对于侨资的期望。因此，尽管清廷内部决策层与芦汉铁路的主管层之间对于引进侨资的真实目的并不统一，侨资即将产生广泛而深远的影响却有其必然性，进而促使清廷愈来愈重视引进侨资。张弼士作为"侨资"旗帜一旦被树起，便受到了清廷愈来愈强烈的重视。

张弼士积极响应召唤，参与了甲午战争后的第一波铁路建设热潮，从参与芦汉铁路始，即为晚清的铁路建设付出了大量的心血，为芦汉铁路、粤汉铁路，特别是广三铁路的早期建设作出了重要而特别的贡献。他的工作是如此出色，著名的广东绅商梁庆桂评价说："张侍郎弼士，上承朝旨，下思民艰，拟建粤汉铁路，以接轨芦汉……太常寺少卿盛公（宣怀），表其才于朝，使总其事。侍郎于是借洋款，招商股，联络中外，姁姁集事，可谓能矣。"

张弼士介入清政府内部经济建设及其所受的赞誉表明：甲午战争后，侨资已经渗透于中国的经济建设之中，在晚清近代实业发展中有着重要的地位。客家侨商的投资成绩显著，已成为晚清国内经济建设的佼佼者，是晚清华侨工商业家的典范人物，对华侨回国投资实业具有开风气之先的作用。

2. 20 世纪初客家侨商参与的商办铁路

甲午战争后，修筑铁路被全中国上下当成是抵抗列强的重要军事手段和国防战略。在"被参与"的进程中，张弼士逐渐形成了修筑铁路以挽回利权的思想，认为这是与列强进行"商战"的重要手段和途径。他还认为，现在要做的事太多了，但是资金必须集中，目前最急迫的投资必须放在铁路建设中，以维护国家的铁路权。但是，他对清廷设立总公司以包揽铁路建设的做法却提出了异议。1903 年，张弼士在其《商务条议》中请求清廷放开铁路支线，让中国商人承办，而不能让中国铁路总公司垄断铁路干线和支线，实际上就是要求实行铁路支线的商办政策。这一主张得到了清廷的认可。

潮汕铁路（中国铁道博物馆藏）（资料片）

1904 年 10 月，张弼士向清廷建议在闽粤两省设立路矿公司以招徕侨商，这得到了商部的高度赞成。经商部建议，清廷任命张弼士为商部考察海外商务的商务大臣兼"督办闽广农工路矿事宜"。他即"拟从铁路入手"，以振兴广东经济。他积极参与广厦、广埔、广澳等铁路的早期规划。在晚清商办铁路建设史上，张弼士所筹建的广厦铁路已被当成"帝国主义和封建主义压迫下""未遂的建路活动"的典型，也是晚清商办铁路即民间创办铁路要求和行动的典型。广厦铁路还是他将其铁路商办思想付诸实践的一个重要项目，也是晚清商办铁路失败的典型。

在清廷铁路商办政策的转型中，在客家侨商首领张弼士的影响下，客家侨商表现出对投资兴办铁路的强烈兴趣。在张弼士接受光绪皇帝召见后不久，他的商业伙伴张煜南便开始申请修筑中国第一条商办铁路——潮汕铁路。张煜南先给铁路大臣盛宣怀递交修筑潮汕铁路的申请书，希望盛宣怀能够上奏清廷，允许民间商人投资承办铁路。他强调，潮汕铁路的修筑将开民间投资之先声，是发展中国经济的重要措施，它能使国家富裕而抵抗列强侵夺中国利权，于国计民生有大

利益。1903年10月，盛宣怀批准了张煜南的申请。

　　接着，张煜南又向商部提出了修筑申请书，强调："方今国家举行新政，首以铁路为大宗。"1903年12月12日，商部尚书载振以专折向清廷请求准许张煜南修筑潮汕铁路。载振对修路主张表示高度赞赏，肯定其"首先倡导"而开投资风气之先的重要性：如果海外侨商和内地著名绅商都能相继而来投资，则不仅各省之铁路能够及时自办，各省的矿产也能够更容易募集民间资金自行开采，对中国经济发展的整体影响将是非常良好而深刻的。清廷批复，同意潮汕铁路开工兴建，并命令两广总督岑春煊、广东巡抚张人骏要大力加强宣传，使百姓都知道修铁路是振兴经济、有利于民众的重要措施，协助张煜南做好勘路、购地、运料、兴工等一切工作。

潮汕铁路股票（资料片）

　　1903年12月，张煜南开始出洋招集股资，"兴办广东潮汕铁路，暨议办银行各事"。1904年1月22日，张煜南与吴理卿、谢荣光、林丽生等人签订集股承办潮汕铁路合约，其中，张煜南、谢荣光共认领股额银100万元，吴理卿、林丽生一共认领股额银100万元，合共银200万元，以作修筑铁路之股本。张煜南为倡建首总理，吴理卿、林丽生、谢荣光俱为倡建总理。4月，潮汕铁路公司正式成立，张煜南出任董事长。

　　1904年9月28日，潮汕铁路正式开工，并于1906年10月25日正式完工通车。铁路从汕头市到潮安县，全长39公里（1908年延伸至意溪，总长42.1公里），最后实际投资额为302.58万元。铁路修筑的困难完全出乎张煜南等人原先的规划，其中所发生的风波，使铁路修筑费时和耗资都大大超出他们的预期。

潮汕铁路是近代华侨投资兴建的纯商办铁路，是晚清商办铁路成功的典范。因为潮汕铁路的成功修筑，张煜南受到了清廷的嘉奖。1907年3月21日，清廷将其由候补京堂四品提升为三品。

潮汕铁路开车纪念图（资料片）

潮汕铁路是一条客货兼运干线，每年为汕头港集散疏运货物6万吨左右。进入20世纪30年代后，潮汕铁路平均每天载客四五千人次，运货100吨以上，除运送大米外，还运送水产品、水果以及农产品等。据社会学家陈达20世纪30年代的调查："韩江流域的谷米、蔬菜都因铁路之便，销路更旺……潮汕铁路两边的柑，遍地皆是。据汕头生果铺估计，每年出口总计不下国币300余万元。上列各种产品，大致由铁路输往汕头，或运国内他市，或南洋。"可见，潮汕铁路的修建有效地促进了潮汕地区社会经济的发展。

1939年6月10日，潮汕铁路被拆毁，自建成通车至拆毁共历时33年。

（三）张弼士创立张裕酿酒公司

张裕商标（资料片）

山东烟台张裕酿酒有限公司是近代中国崛起的一家著名的民族企业，在中国早期现代化史上具有重要的地位。张裕的创办虽说肇始于1891年，却是晚清政府甲午新政中振兴经济的重要事件，是"奉旨开办"的典范企业。

张裕的创办似乎有点偶然。1891年，时任东海关道的盛宣怀致电邀请张弼士到烟台"商办矿务、铁路等事宜"。或许他们自己也没能想到，这次见面将成为中国近代企业史上的重要事件——他们达成了在烟台创办葡萄酿酒公司的共识。

回到槟榔屿后，张弼士便着手筹备在烟台的投资事宜。他写信给西方的酿酒专家，详细了解酿制葡萄酒的技术等事项。1893年，他与一位西方朋友推荐的、声望素著的酒司俄骖签订了合同，并于第二年（1894

年）夏天派人偕同俄䝜携带酿酒的小机器前往烟台试酿。俄䝜来到中国上海后却因牙痛，看医生不慎而"误命于医"。经德籍医生的牵线介绍，张弼士与荷兰人雷德吻签订了合同。不久，雷德吻将他在烟台试酿的酒寄回新加坡。英、荷两国专家鉴赏后，得出结论：葡萄很好，可惜还没成熟，且酒料的调配不当。张弼士因此信心更足了，他写信到美国，采买了有根葡萄2000株。他说，等到确有把握之时，将筹集股份，设立公司。

与此同时，张弼士积极寻求清政府的支持。1895年5月，他通过天津海关道盛宣怀，禀请北洋大臣、代理直隶总督王文韶：张裕公司既然已经设立，按照西方惯例，应当允许其专利30年。凡奉天、直隶、东三省地方，无论是中国人还是外国人，到期限之前都不准另外设立公司仿造。另外，应允许张裕所产之酒免税3年。6月16日，代理直隶总督王文韶便递上了《招商试办酿酒公司折》，请求清廷允许其专利及暂免税收。18日，清廷上谕，批准了该奏议。9月22日，张裕奉旨正式"开办"。

1895年冬，张弼士发现，雷德吻并不熟悉酿酒技术，"乃一骗子也"。于是，第二年春，他托奥地利领事代聘精通酿酒技术的哇务到烟台接替雷德吻。哇务到烟台后却发现，当地所产葡

烟台张裕公司大门（资料片）

萄虽然质地优良却不适合酿酒，这与张弼士以直隶、山东和奉天等地所产之优质葡萄酿酒的初衷显然相差很远，原本就地取材"生产"的计划被打乱了。于是，他加大了引进西洋葡萄种的步伐。

1896年冬，张弼士致函奥地利首都维也纳，购葡萄秧14万株，

梁小玲收藏张裕广告画
（魏明枢 摄）

1897 年夏运到烟台，约存活 3/10。当年冬天，又购买 50 万株，1898 年夏运送到烟台。就在这一年，张弼士对所种植的葡萄作了精确的估算，当年估计可种葡萄 200 亩，到 1899 年可再种 200 亩，且整个公司已经初具规模，所有应用器物已由他先行自备资本购齐。

展望未来，张弼士信心满怀。他重新核定章程，决定招集股份，设立公司，并将此章程禀报了直隶总督王文韶。1898 年 6 月，经王文韶面奏，清廷发布谕令，让荣禄告知张弼士，同意其集股设立公司的请求，让其"切实筹办，以收成效"，荣禄必须经常考察和调研其"办理情形，随时奏报"。清廷强调："但使制造日精，销路畅旺，自可以暗塞漏卮。"因此，张弼士创办张裕已被清廷认定是挽救民族利权而"暗塞漏卮"的重要举措。

从"奉旨开办"到清廷谕令荣禄调研，张裕得到了从地方直到中央最高层的各级政府的重视和支持。甲午战争前，清政府始终未正式承认商办企业，或者说，商办企业完全没有正名，其存在完全没有法律身份，因而只能听任官绅势力的摆布。张裕获取专利且被允许集股开办，标志着清政府工商业政策向近代转型的开始。

张裕公司注册商标（资料片）

张裕的创办资金完全由张弼士个人承担，其生产经营由张弼士自行负责，而不是由政府大官僚或者政府所委派的总办等直接管理和控制。从其发展阶段上看，张裕是洋务运动尾声阶段民族企业开始受到清政府重视和肯定的表现，是最早获得清廷认可和支持的民族企业之一，是华侨在国内投资企业的先驱。

1906 年 8 月 4 日，张弼士向商部呈上了《奏办烟台张裕酿酒有限

公司章程》，正式提出创办张裕酿酒有限公司。在章程中，在重新回顾了张裕的创办历程后，他非常感慨地说：自甲午开办以来，投掷了无数金钱，耗费了不可计数的时光，经过无数艰辛和努力，才终于使当初的志愿有所显现。

意大利酿酒师巴狄士多奇　　张裕首任酿酒师拔保　　中国酿酒师张子章

1907年，东来的泰西优质葡萄不但已经在烟台生根成长，而且已经酿制成了无与伦比的红、白两种酒。1909年，张弼士又在山东烟台创立了张裕酿酒玻璃瓶厂。1914年2月18日，山东烟台张裕酿酒有限责任公司正式向民国政府农商部税务处注册，其资本200万元，营业种类是酿制葡萄酒。5月1日，张裕葡萄酒正式开始出售。至此，张裕克服了各种困难，取得了全面的成功。

张裕首任总经理张成卿　　穿官服的张成卿　　张裕技术副经理朱梅

张裕的成功确实来之不易。从1895年奉旨创办至1914年正式出售葡萄酒已经将近20年，如从1891年筹办始则已经23年了，若从

1871 年张弼士萌生回烟台酿制葡萄酒的思想始则已经整整 43 年！几经艰辛曲折，几多挫折和无奈，张弼士克服了从南洋到烟台万水千山的阻隔，留下了令人荡气回肠的创业精神。

民国期间，山东烟台张裕酿酒公司的持续发展，受到了各界好评，所出产的白兰地酒获得了巴拿马万国博览会金质奖章。孙中山为其题匾额"品重醴泉"。从 1910 年直至 1916 年他去世时止，张弼士继续以巨额投资兴办农、工、路、矿、机械、垦牧等业，先后创办了裕昌远洋公司、平海福裕盐业公司、佛山裕兴机器制砖公司、雷州机械火犁（拖拉机）垦牧公司、广东亚通机器制造厂、惠州福兴玻璃厂等。

孙中山为张裕公司题字（资料片）

（四）客家侨商与中国近代银行业的开创

银行在近现代经济发展中具有重要的地位。张弼士与张榕轩、张耀轩等在东南亚经营近代实业的进程中，与时俱进，不断增强对西方近代经济知识的理解，逐渐重视金融业，终于成为中国第一批现代金融资本家。

1. 创建日里银行

1858 年，张弼士"过番"到南洋巴达维亚谋生。经过艰辛的打拼，他最终成为"南洋巨商"。随着业务的发展和财富的增长，他逐渐认识到金融资本的支持乃商务盛衰的关键。于是，他与张榕轩、张耀轩兄弟设立了日里银行。日里银行成为他们掌控资本和经营实业之枢纽，其业务还包括为华侨传递家书和汇款，因而甚受侨民支持和拥

护，生意相当旺盛。在南洋的金融创业，为他们日后在中国国内的金融投资奠定了基础。

2. 中国第一家银行——中国通商银行的主要创建者之一

1896 年，中国铁路总公司成立。当时，掌控铁路公司的盛宣怀强调，要办好湖北钢铁厂，便不能不修筑铁路，修筑铁路则不能不创建银行。铁路修筑资金回收期长，利润薄；而创建银行则资金回收快，利润厚。因此，他强烈要求清廷同意侨商"银行、铁路并举"的请求，允许他们筹建银行。同年 11 月 18 日，清廷颁发谕旨，令盛宣怀"选择股商，设立总董，招集股本"，合力

盛宣怀

兴办中国通商银行。于是，盛宣怀"遵旨选派"以张弼士为首的 8 人为总董。对于银行总董名额，有的说 8 人，有的说 10 人，亦有的说 9 人，但张弼士都是排名第一位。

中国通商银行是为筹建芦汉铁路而创办的中国第一家银行。张弼士积极参与了银行筹建工作。1896 年 12 月 20 日，张弼士在新加坡致电盛宣怀，开列了银行章程。他以西方银行业作为借鉴，结合他在南洋与银行往来的多年经验，对银行工作应该

上海外滩中国通商银行总行外景（资料片）

注意的事项提出了自己的看法。1897 年 2 月 20 日，他与中国通商银行各总董参酌汇丰银行章程，在上海修订拟就了《中国通商银行大概章程》，共 22 条。

1897 年 5 月 22 日，中国通商银行总行在上海正式开张。通商银行章程第 6 条规定，资本共 500 万两，第 7 条则规定先收总股本的一半，即 250 万两。其中，盛宣怀认招轮船、电报两局 100 万两，各总董则认招商股 100 万两，其余 50 万由各口岸、省会的华商投股。开办当年实收股本 213 万余两，实际投资人主要是盛宣怀、王文韶等官

僚，他们所认股本达 193 万两，盛宣怀 1 人就达 73 万两。张弼士共认 2000 股，共 10 万两，是私人股的最高者，占总投资额的 4.7%。

张弼士还在南洋招徕了不少华侨股资。他的许多客籍华侨老乡，比如晚清著名侨领、富商戴春荣（欣然）等都成为中国通商银行的股东。在中国通商银行的招股进程中，他们踊跃投资，反响非常热烈。1898 年 11 月 9 日，戴春荣在香港致函盛宣怀，其中便提到当时客籍侨商们认购股份的热情，"数月之间，巨款毕集"。根据中国通商银行和盛宣怀的有关档案统计，张弼士一共给筹办中的中国通商银行汇寄了 15.5 万两。

郑观应塑像

在世界历史进入垄断资本主义阶段后，金融资本在国民经济中的地位愈来愈重要。张弼士并非金融家，也从未被人称作金融家，但他作为产业资本家，一直致力于在中国设立银行。1903 年，他在觐见光绪皇帝和慈禧太后时，给他们深入分析了农业贷款以及货币等金融问题。在他到广州担任督办闽广农工路矿大臣之后，他的好友、著名政治和经济理论家郑观应曾向他建议，应强调"银行为百业金融机关"，"银行为百业总枢"。他还批判清政府缺乏近代"农工银行"及其对中国企业的消极影响。由于资料的缺乏，张弼士的具体回应情况不得而知，但他们之间的思想基本是共通的。

3. 中美经济合作的开创者及中美合资银行的酝酿

张弼士在美国曾被称为"中国的洛克菲勒"。洛克菲勒是美国富豪，他从贫穷致富且成为美国历史上最富有者。他创办的美孚公司几乎控制了美国全部工业和几条大铁路干线。1882 年，它成为美国历史上第一个托拉斯。后来，洛克菲勒财团又形成由花旗银行、大通—曼哈顿银行等四家大银行和三家保险公司组成的金融核心机构，这七大企业控制全国银行资产的 12% 和全国保险业资产的 26%。张弼士的财富远未能达到洛克菲勒财团的高度，但他俩都从贫穷逐渐成为各自国内的巨富，有着相类似的人生经历，都有振臂一呼、群而响应的能力和地位。

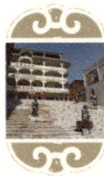

在晚清，西方列强积极支持其本国商人在华的金融活动，中外合办是外国人在华金融活动的重要形式。1887 年，美国人米建威（Mitkiewicz）提出中美各出一半资本建立华美银行（American Chinese Bank）的计划，此后类似活动仍然不少。1910 年，美国西部大资本家大来（R. Dollar）筹划的中美联合银行计划投入资本 1000 万银元，中美各半，总行设在上海，分行设于旧金山。

张弼士担任赴美报聘团团长，黄炎培任秘书，一行 50 人参加旧金山世博会。张弼士率团进入白宫，得到美国总统威尔逊的接见，被美国媒体称为"中国的洛克菲勒"（前排右四为张弼士）（资料片）

1910 年，美国西部实业团一行 23 人应邀来华参观南洋劝业会。在访问过程中，美国西部实业团曾提出了关于两国合作的四个建议：设立中美货品陈列所、互派中美商务调查员、设立中美联合银行、设立中美交通轮船公司。11 月，中美两国商团在上海举行会议，时任广东商会总理的张弼士代表中国商团，任华商议长，就此四项建议与美国商团议长穆尔进行了具体的商讨。他们对于中美合作表现出非常浓厚的兴趣，认为设立中美联合银行、中美货品陈列所和中美交通轮船公司是关系中国经济发展和中美关系的大事，必须予以高度重视。

在讨论中美实业合作的进程中，张弼士极力请求美国西部实业团

五　晚清客家侨商（二）：在中国

设法解决在美华工屡受苛待之事，认为这是与中美合作互相抵触和格格不入的。在得到美国商团"力任保护之责"的承诺后，他对于两国的合作也表现出浓厚的兴趣。显然，张弼士将解决美国排华问题当作中美合作的前提。

在两国商团的合作商谈中，中国商团公举张弼士和卢鸿昶与美国银行团共同制定中美银行招股简章，与美国航业团共同制定中美轮船公司招股简章。当时，中美商团议定：共集股本银一千万元，各认股五百万元。每岁旅美华侨汇回中国银六千万元，希望均归该银行办理。

张謇

张弼士特别重视开设中美合资银行，对两国合作也表现出充足的信心。他主动提出，愿意回广东后再到东南亚去招股，"担认轮船股十万元、银行股三分之一，余由各省商会招集"。张弼士的好友、广东商界泰斗郑观应亦表现出对于中美合作的高度期望，其重要原因就是江浙沪有商界首领张謇，广东和南洋（东南亚）则有侨商张弼士，他俩"早为各界所钦仰，且对于提创商务、振兴实业无不具有毅力，登高一呼定必众山皆应"。

尽管开设中美合资银行得到中国商界的广泛响应，但后来还是陷于流产。中美商业合作虽然最终未能取得成功，但中国实业界对于中美合作的兴趣和愿望，开创了国际合作的先例。张弼士则是其中突出的典范，既体现了其民族自信，又体现了其对世界潮流的适应。

（五）客家侨商与家乡新学教育的兴起

19世纪末，在全国新学教育兴盛发展的大背景下，客家地区的新学教育走在全国的前列，这与客家著名乡贤如黄遵宪、丘逢甲等人的积极提倡和奉献分不开。新学教育的兴盛与华侨的经济支持及参与密切相关。华侨，特别是侨商们的资金赞助是发展客家近代文教事业的坚强后盾，他们积极参与，慷慨解囊，热心襄助。华侨及侨商在侨乡提倡新学教育，崇文重教，是近代客家地区文教事业发展的基本力量，没有华侨的推动，梅州就难于形成"文化之乡"。

1. 晚清客家先贤重视华侨经济

自 19 世纪末 20 世纪初开始，梅州的新学教育在客家乡贤的倡导下蓬勃发展。在新学兴起的过程中，特别是在清末"停科举以广学校"的教育新政中，海外侨商热心桑梓教育，他们积极参与客家地区特别是侨乡的新学教育，慷慨解囊，热心襄助，成绩斐然。他们为梅州等客家地区新学教育的发展奠定了坚实的基础。晚清客家地区新学教育的兴起，是客家先贤们积极应对时代变迁的结果，是清末中国融入世界历史发展的表现，也是客家教育界与侨界紧密结合的结果。

黄遵宪

黄遵宪故居人境庐（魏明枢 摄）

鸦片战争后，西学东渐的浪潮一浪高于一浪，许多有识之士在中国积极传播西学。当然，中国接受西学的历程是相当曲折的。顽固派坚持中学而蔑视西学，大量官僚后来则坚持"中体西用"，突出强调西学与中国的对立和不适应性。因此，直到清末，当西学已经显现出其对国计民生及中华民族的救亡图存都具有特殊地位之时，如何学习西学和学习哪些西学，仍然严重地困扰着中国的政学各界，成为他们苦苦探索的核心课题。

梅州市东山书院（魏明枢 摄）

清末是中国社会发生巨大变革并开始转型的重要时期。许多先进的中国人积极探寻救亡图存道路，教育救国论逐渐盛行，改革旧学，兴办新学的呼声不断高涨，认为开启民智、培育人才是挽救民族危亡的关键。1890年6月，清政府开始改书院为学校。

中国在中日甲午战争中的失败，给许多中国人予当头棒喝，当时许多人皆认为这是日本学习西方有成效的表现。毛泽东说："日本人向西方学习有成效，中国人也想向日本人学。"日本学习西方之成效开始显现，成为中国人学习西学最直观的例子，于是，戊戌变法兴起，欲改君主专制为君主立宪；提倡设立收集民意的机构（如湖南的南学会）；提倡创办新式学堂进行新学教育。

甲午战争后，特别是20世纪初，新式学校在中国大量涌现。1901年，清政府被迫实行新政，同年8月下诏废除科举八股，9月谕令各省改书院为学堂。1902年和1903年先后提出"壬寅学制"和"癸卯学制"。此后新式学堂更是发展迅速。1905年，清政府下诏"立停科举以广学校"，设立初等和高等小学堂，设立各级教育行政机关。各县设立劝学所，县以下划分学区，各区设劝学员，负责推行兴办新学。

女诗人叶璧华祖居孝友堂

孝友堂

女教育家梁浣春故居千顷楼

千顷楼

在中国提倡向西方近代教育转型的历史大背景下，客家许多地区相继掀起了改革教育体制、兴起新学教育的风潮，陆续在各县城、乡镇新设官立、公立各等中小学堂，或将原有书院、义学、私塾改办高等或初等小学堂。女子教育也同步兴起。1905—1906年，梅州各县共

办起初、高等小学堂 42 所，到 1911 年，梅州各县共有小学 625 所（一说全市有小学堂 803 间）、女子学堂 2 间、中学 9 所，成为全国重要的文化之乡，是全国新学教育兴起较早和比较发达的地区之一。

客家地区新学教育的兴起，与府、州、县官员重视教育不无关系，与黄遵宪等杰出乡贤们的先知先觉及热心倡导和引导分不开。戊戌变法前后，许多乡贤多方奔走，谋求兴学救国。梅县黄遵宪、温仲和、饶芙裳，蕉岭丘逢甲，大埔何士果，兴宁肖惠长等率先倡办新学。叶璧华和梁浣春等分别办起了女子学校。外国传教士在五华、梅县等地开办小学、中学。其中，黄遵宪与丘逢甲是清末对梅州新学教育兴起影响最大、最为突出的两位。他们关于新学教育的思想和在客家地区所进行的新学教育实践，极大地促进了近代新学教育在客家地区的兴起和繁荣。

黄遵宪很早就认识到新学的重要意义并付诸实践。他在《日本国志·学术志》中认为："欲令天下之农工、商贾、妇女、幼稚皆能通文字之用。"他任湖南按察使时与陈宝箴等维新人士共同创办了时务学堂。罢官归家后，他更加深入思考了教育的地位与影响，他在 1902 年致梁启超的信中指出，教育为"救中国之不二法门"；又在《敬告同乡诸君子书》中指出："救国之策，莫善于兴学"，"深知东西诸大国之富强，由于兴学。"他在家乡积极倡办新式学校，进行新学教育，同时又非常重视蒙学教育、军事教育和师范教育。

丘逢甲在 1889 年殿试中进士后即"专以新思潮及有用之学课士"，即培育学生的新学知识。1895 年台湾保护战失败后，他内渡回镇平老家定居，随后在粤东的嘉应（今梅州）和潮州、汕头等地积极倡办新学。1905 年起，丘逢甲派宗人子弟到江西寻乌，福建上杭、武平，以及嘉应、兴宁、长乐、平远等地兴办族学，提倡新学教育。在他的努力下，岭东兴办新学之风气更盛，几年间新学校达近百所。

丘逢甲塑像

丁日昌　　　　　　　　　何如璋

由于地处侨乡，梅州的乡绅们一般都相当重视华侨，深知华侨的经济力量，也更能理解华侨对中国的积极影响。1878年，丁日昌向总理衙门建议派遣出使人员，在外国设立使馆，以保护华侨利益，开创了中国遣使设领的先声。何如璋与黄遵宪成为中国第一代近代外交官，被派往日本开辟了中国驻日使馆。在黄遵宪担任总领事的外交生涯中，华侨成为其服务的基本对象。在担任旧金山总领事时，他曾积极为华侨利益而奔走，并指导协助成立嘉应同乡会。在担任新加坡总领事时，他为争取华侨利益而努力促进清政府华侨政策的合理化、现代化。

重视华侨力量在家乡建设中的地位是梅州等地客家人一贯的传统，在侨乡的公益与慈善事业中，华侨是重要的经济支持力量。创办新学教育的客家先贤们更是无一例外地将华侨当作重要的兴学力量，积极动员华侨参与新学教育。丘逢甲曾亲自到南洋进行兴学募捐，1897年前后，他与著名侨商丘菽园开始诗文论交，成为至好。黄遵宪、温仲和与当地的华侨贤达建立了良好的联系，他们在家乡倡导的各项公益事业都得到了华侨的积极响应。

2. 客家侨商认同新学教育

在中国新学教育兴起的大背景下，客家先贤们巨大的号召力对客家地区新学教育的兴起无疑是极其重要的，而华侨，特别是客家侨商和侨领们的响应更具有极其重要的意义。乡绅的政治力量与华侨的经济力量在新学教育中的交汇，共同奏响了近代客家新学教育的新篇章。

张之洞　　　　　　　　　薛福成

　　华侨为求生存而移居海外，足迹遍布五大洲，其流布的历史充满了血泪和辛酸。清政府传统的歧视海外移民及海禁政策，使华侨成为在海外的流浪汉。随着派驻出使大臣政策的实施，中国与世界的联系不断加强，海外侨胞的地位和影响也逐渐为清政府所认识而加以重视。许多洋务官员都向清廷建议必须重视华侨。1886 年 7 月，两广总督张之洞派员到南洋考察。第二年，他呈上《派员周历南洋各埠筹议保护折》，建议一是要在南洋设置领事以保护华侨，二是要在海外华侨集中地区设立书院，加强对华侨的教育导向。

　　后来，清政府驻新加坡总领事黄遵宪通过清驻英使臣薛福成，奏请清廷应当明确解除海禁政策。1893 年 9 月，清政府颁布法令，明确宣布废除海禁政策，华侨在外国无论居住了多长时间，一概允许归国，经营各自的事业，购置自己的产业，且任由其出国经商。长达 200 多年的海禁条例被正式废除，从而确立了华侨作为中国国民的法律身份。1909 年，清政府颁布《大清国籍条例》，明确规定"生而父为中国人者"，"不论是否生于中国地方，均属中国国籍"。

　　清政府华侨政策的改变，极大地改变了华侨的面貌，不仅使华侨取得了国民身份，而且促进了华侨与侨乡的紧密联系，也极大地促进了侨乡的发展。

　　首先，促进了侨乡社会的形成。一方面，正如温仲和总纂的光绪《嘉应州志》所载："自海禁大开，民之趋南洋者如鹜。"另一方面，华侨同故乡的联系更方便，汇款赡家、回籍探亲和购买田地、建屋置业的逐渐增多。到 19 世纪后半期，一个以圩镇为中心的侨乡社会逐渐

形成。

其次，改善了侨乡人民的生活。20世纪初，侨乡获得初步发展，侨汇和侨资持续增长，侨乡经济获得了初步发展。华侨增加了对国内的投资，侨乡经济因得到大批侨汇和侨资而生机盎然。

第三，华侨成为左右中国社会的一支重要力量。海外华侨可以自由出入中国，在家乡有重要地位，国内各方面的势力都积极争取华侨。华侨也逐渐融入中国社会，投入到祖国的救亡图存之中。"爱国是华侨的天职"，"华侨是革命之母"，表现出他们强烈的民族责任感。

嘉应学院文祠楼（魏明枢　摄）

第四，影响并改变侨乡的生活方式。华侨是中外文化交流中的重要角色，不仅带出去本土的文化，而且也将外面的文化带回了本土。他们带回的见闻和信息，有助于侨乡对外界的了解，直接影响着侨乡的观念、制度变化，尽管这种变化经常是微弱、缓慢的。因此，较之国内其他地区，侨乡"开社会风气之最早"，故能率先涌现出一批爱国民主志士。

在华侨与侨乡的紧密联系中，华侨对侨乡的认同和使命感更加强烈，进而促使他们更加积极地参与侨乡的新学教育，他们的经济力量也受到兴办新学的乡贤们的重视，他们重视教育的内在精神也就在这种背景下得以被发掘。是什么原因促使华侨如此积极参与家乡的新学教育呢？

首先，客家社会重视教育的传统，是客家华侨重视新学教育的原动力。客家有"宁愿挑担、卖柴、做苦力，也要供子弟读书"之俗

语。事实上，自雍正十一年（1733）设立嘉应州以后，其文化教育的发展便突飞猛进。1738 年 4 月 19 日，礼部议复代理广东巡抚王谟的奏疏时说，嘉应州由程乡县改设之后，人文日盛，已照州学出贡，廪增名数，应各加十名，以符州学三十名之例。礼部的意见得到了清廷的认可。逐渐地，嘉应州发展成为人文秀区。移居海外的客家人，秉承客家人兴学育才的优良传统，积极弘扬客家文化。世界各地许多客属团体都积极从事和发展海外的教育事业。香港崇正总会即以联络国内各地及海外各埠同系人士，交换知识，振兴工商事业，举办学校，共谋公益，考证源流，互助同仁为宗旨。

　　其次，对自身经历的反省是华侨重视教育的内在动力。他们作为"海外孤儿"，对教育重要性的认识更深刻。老一代华侨大多数文化水平很低，主要靠出卖劳动力为生。他们深知没有文化之苦，常痛感自己缺乏文化教育，受人欺凌。因此，多数华侨重视对子女的培养和教育，为造福祖国后代，竭力捐款发展侨乡教育。

　　再次，殖民主义者的歧视是华侨重视新学教育的外在压力。梁绍文在《南洋旅行漫记》中评论说：

梅州院士广场石楣杆（魏明枢　摄）

"在南洋最先肯牺牲无数金钱办学校的，要推张弼士为第一人。"1905年光绪帝御书"声教南暨"匾赐张振勋。张振勋在受匾典礼上说："国家贫弱之故，皆由于人才不出；人才不出，皆由于学校不兴。我等旅居外埠，私有财资，眼见他西国之人，在各埠设西文学堂甚多，反能教我华商之子弟，而我华商各有自家、各有子弟，岂不可设一中文学校，以自教其子弟乎？"在当时，华侨叶落归根的思想相当普遍而严重，衣锦还乡的传统观念还很浓厚。华侨出洋谋生，都有一种身在异乡寄人篱下的感觉，出去是为了赚钱养家，是打工，而不是为了在当地生活。因此，在故乡兴学更是其所愿，更加受到华侨的重视。

　　相应地，海外侨胞受国内影响也很大。从教育方面来看，在国内

大埔县百侯镇垣印德星（惇裕堂）（魏明枢　摄）

始建于乾隆元年，是萧氏十四世祖永章镇介（公）四子中正、五子成中兄弟合建，占地面积3350平方米，建筑面积2300平方米，主屋三进两横，九厅十八井，是典型的客家官厅式建筑，门面有四支石柱，雄伟壮观，门坪有外栏杆，栏杆内有清朝考中进士、举人的标志桅杆石，共五对。

新学兴起的过程中，海外侨胞也在大力发展新学，国内外新学教育是相互呼应的。1898年，中国开始维新变法，废科举，办学堂，海外华侨也纷纷在居住国"相率兴学校以图祖国文化之保存"，将过去的蒙学馆私塾改办为新学堂，建立了从幼稚园、小学到中学的教育体制，并得到中国教育当局的指导。1897年，日本华侨冯镜如（南海人）等在横滨创办中西学校（后改名为大同学校），成为华侨开创近代华文学校的先河。清政府驻新加坡总领事左秉隆大力倡办华侨教育，致力组织文社（会贤社）。1899年，神户华侨创办了神户华侨同文学校，以"采用新学制，根据教育部定章，授以基本知识，养成健全人格为宗旨"。1904年，槟榔屿领事兼南洋学务大臣的荷印华侨张振勋，在槟榔屿捐款倡办当地第一间近代华文学校——中华学堂。1906年，大埔华侨刘春荣、张让溪、刘问之等发起捐资创办"启发学堂"，清政府驻马来亚槟城领事、华侨戴春荣父子捐赠了巨资。戴春荣还于光绪二十七年（1901）春捐资15万银元为潮州、大埔、新加坡、槟城等10余所学校作教育经费。

总之，客家人兴学育才的传统、华侨对知识的渴求和对自身受教育少的反思以及殖民主义者的歧视，形成了华侨兴学育才、教书育人、培养后代的教育思想，成为华侨兴办学校的巨大推动力。客家侨商的捐资办学和兴学逐渐成为侨乡的传统，为华侨参与教育树立了榜样。

3. 清末客家侨商参与新学教育盛况空前

随着清政府华侨政策的转变，华侨与故乡的联系也越来越多，相对于国内无生业的贫民来说，华侨的生活要好很多，于是，他们将其

在外做工经商的血汗钱，回报故乡的人民，兴办新学是其中最重要的内容之一。他们非常重视并积极参与故乡的新学教育，其参与方式则是多样的，或者慷慨解囊，主动捐资或赞助亲人上学，或者亲自参与学校教育。

不少华侨或个人捐款，或募集资金，在家乡兴建中小学堂，改善教学条件，这是华侨参与故乡新学教育最为显著的一项公益事业。不但华侨巨商豪富们重视故乡新学教育，即便一般华侨，当乡贤募捐建校时也无不积极响应。很多学校创办前、开办后都得到华侨不断的支持。当时华侨参与兴办的新学校，至今未作确切的统计，下面仅略举一些较有名的案例。

（1）梅县。

潘祥初　　　　　潘立斋　　　　　潘植我　　　　　潘君勉

梅县南口寺前村（今南口镇侨乡村）旅荷属东印度华侨潘立斋、潘祥初叔侄二人是晚清创办新学的重要代表。

潘立斋（1854—1926）幼年家贫，少年赴广州、海南、梧州等地谋生，后在舅父的资助下赴巴城，与同乡合资开设"增兴号"，独资开设"纶昌号"等。与堂侄潘祥初在香港合资开设"万通安记"，兼营出口、汇兑和旅店业。在泗水设"增兴号"分店，开办肥皂厂。因经营有方，各埠商人皆争相与其合作。其中，巴城商业网点发展最快，潘立斋被推为巴城中华总商会会长。潘氏资本还参与全球各地商号多达数十间。

荷属华侨学生第一届回国就学暨南学校纪念（资料片）

　　潘立斋是华侨子弟回国就学的开创者之一。1907 年，两江总督端方在江宁（今南京）设立专门培养华侨子弟的暨南学堂（今暨南大学的前身），其第一批学生为 31 名印尼华侨子弟，分两批回国，第一批 21 人由清政府派往南洋的视学员——知府钱恂和举人董鸿纬率领回国，第二批 10 人则由潘立斋偕同松口华侨梁映堂带领回国。

德馨堂（魏明枢　摄）

　　由印尼华侨潘立斋建立，始建于 1905 年，1917 年全面建成。该屋坐西南朝东北，两堂四横两围龙，房间布局为通廊结构。全屋占地面积 7500 平方米，共有 66 间房，8 厅（道）。

潘立斋与潘祥初在家乡南口合建"毅成公家塾"（俗称老校，今南口安仁学校前身）、圩镇"发永街"、三星山避暑休闲之所"麓湖山庄"。"发永街"店铺的大部分店租作为毅成公家塾的办学经费，后来成为安仁学校的首个教育基金。毅成公家塾内共有教室8间。塾学所教授内容以文言文为主，招收潘氏子弟就读。民国后改为全日制小学，邻里各姓子弟亦可就读。安仁学校创办后成为"安仁第一分校"。这座百年老校曾培育出国民党抗战爱国将领潘奋南少将、国民党潘嵩保少将、共产党古国檀少将、潘毓刚博士，著名经济学家中山大学教授潘汝瑶、日本侨领潘铎元［被六个国家（地区）政府首脑接见过、受中央人民政府邀请参加国庆观礼的华裔富商］。

潘祥初（1851—1911）于清同治六年（1867），随乡人漂洋过海到爪哇巴城谋生。20世纪初，他与堂叔潘立斋在香港合资开设兼营出口、汇兑和旅店业的商号"万通安记"。1902年，他们捐资在南口创办"毅成公家塾"，后又捐近万银元资助其他学校兴建校舍。毅成公学接纳邻

毅成公家塾（魏明枢　摄）

近各族姓子弟入学，办学经费全由潘祥初、潘立斋两位创办人共同承担。抗日战争爆发后，毅成公学改为安仁初级中学校，在南口圩镇旁建三层楼房的新校舍，附设高小班，为家乡培育了不少人才。丘逢甲到南洋筹募办学经费，潘祥初亦积极赞助，丘逢甲曾有诗相赠："大隐在城市，天南见此人。我来沧海上，相遇粤江滨。笑谈情文古，交游意气真。为君吟赠句，一掉五洲春。"

潘立斋生平积极提携后辈，是南口潘氏家族创业致富的领头人。潘祥初积极扶植家乡子弟，潘植我、潘君勉等著名侨商巨子就是其中取得巨大成功的代表。潘祥初共有8子7女，后裔有100多人，他们也继承了兴学重教之传统，多送子弟出国留学深造，其后裔在学术和学业上多有成就。其中，潘枢润之子毓彦、毓良、毓绪、毓刚兄弟4人皆荣获博士学位，潘毓刚是世界著名量子化学家、中国科学院聘请的首批10位顶级科学家之一、美国波士顿学院终身教授。从1986年

起，潘毓刚连续两届4年担任全美华人协会总会主席。潘毓刚还热心故乡教育，是嘉应学院永远荣誉董事长、荣誉教授。

2014年11月12日下午，潘毓刚（左）应邀在嘉应学院国际会议中心作《留美生活五十年》的专题报告。嘉应学院党委书记丘小宏（右）出席并代表学校为潘毓刚颁发嘉应学院第四届董事会永远荣誉董事长聘书（资料片）

印尼客家侨商丘燮亭（1859—1930）一生热心桑梓教育。他很早就在家乡建立供青少年读书识字的时习轩。1905年，他与谢鲁倩、江柏坚、温佐才等人商议创办新学，捐款2000元大洋为丙村三堡学堂购买校址。1907年又捐款1.3万两白银为三堡学堂兴建校舍。1913年4月1日，他又捐大洋近万元，与暹罗华侨叶子彬、星洲华侨陈镜秋等一道襄助东山中学兴建校舍。

三堡学堂（魏明枢 摄）

叶剑英元帅的启蒙学校，位于今梅县丙村中学校内。占地面积1228平方米，建筑面积1163平方米，平面布局呈回字形。

梅县丙村中学校内丘燮亭纪念亭及其塑像（魏明枢 摄）

　　1907 年，根据孙中山的指示，在梅县松口创办松口体育传习所，这是"革命党人"进行集体军事训练和培养干部的场所，其经费全部由梅州客籍华侨捐赠。

爱春楼（魏明枢 摄）

　　位于梅州市梅县松口镇铜琶村，占地面积 1200 平方米，建筑面积 1500 平方米，是清末槟城华侨巨商谢益卿、谢梦池父子的故居。谢氏父子热心公益，参与创办松口中学，修建磐安桥。1910 年，谢氏孙辈谢逸桥、谢良牧兄弟在此召开同盟会会员会议。1918 年 5 月，孙中山寓居爱春楼，为爱春楼题联："博爱从吾志，宜春有此家"。

1918 年孙中山先生和谢氏兄弟在爱春楼前合影（蔡欣欣 摄）

（2）大埔。

槟城巨商、著名慈善家戴欣然（名春荣，字喜云，号忻园），乐善好施，热心公益，特别热心教育，认为"非兴学无以救中国"。他认为列强藐视中国，视为野蛮，根本原因在于中国"无学所致"。39 岁时，他由南洋返乡，虽然当时还不算很富裕，但仍为族人购置祭田 10 多亩。有一天，他偶然经过乡里私塾，翻阅学生的学费账簿，发现有一些学生竟然没钱交学费，当即决定每年捐助这些穷学生五石米。1901 年，清廷重新捡起变法新政，开始了新一轮的改革，命各省创立学堂。他慷慨捐输巨款，创立了潮州茶阳旅潮学校、大埔官校、汶上崇和小学，包括在新加坡、槟榔屿所创立的学校共有 10 余间，凡 15 万元。崇和小学是其与老家族人共建之小学，由他牵头，带领族人筹办，全乡凡到校就读者，一切学杂费皆免，并高薪聘请良师，一力承担所有费用。

戴欣然的二儿子戴培元（字淑原），通中西文，工书法，继任槟城领事，得其父亲之赞助，在英属南洋群岛极力提倡华侨教育。张六士从 1903 年以后，响应丘逢甲兴办新学号召，一度赴南洋向华侨宣传新学教育，并筹募资金回国办学。1904 年，他回大埔与张俞人、张际云、邹鲁、饶熙等创办大埔第一所新学校——乐群中学（今大埔中学前身）。1906 年，陈少芸与本村海内外乡贤陈禹三、陈邵丞等发起创办了湖寮莒村养正学校。

戴欣然

戴培元

（3）平远。

旅马来亚侨商姚德胜，人称"姚百万"，他不仅热心华侨教育，

在怡保独资或合资创办育才学校、明德小学，在新加坡开办应新小学，还是热心侨乡教育的典范。

1910年，姚德胜将企业交次子葛朋经营，自己则回平远定居。他捐出10万银元，为兴建平远中学新校舍之用。平远中学创办于1906年。平远共十五乡，分为上七乡和下八乡。原平远中学设在上七乡和仁居乡，与江西、福建相邻，下八乡的学生，因相距过远而不得不到梅县去读书，学生则常因家长无力负担上学费用而不得不停学。于是，他提议在位置较为适中的大柘乡兴建新校舍，并且亲自监督，于1912年在羊子甸开始动工兴建。

姚德胜还在平远高墩下建私立芝兰小学，1912年招收大柘、超竹两乡儿童入学，校舍全为新式两层楼房，内设有图书馆、运动场、花园、果园、膳堂和宿舍，是平远设备最完善的一所完全小学。此外，他还全力资助大柘乡兴办景清、四湖两所小学。

平远中学校门（资料片）

除了在平远建校兴学外，他还资助外县教育。1913年，梅县兴办东山中学，姚德胜捐助3000银元。此外，还捐款支持兴办蕉岭中学。

姚德胜于1915年谢世。1916年，平远中学新校舍落成，学校为其开纪念会，国文教员王蔼君撰联悬于其遗像两旁，联曰："作育著殊勋，十五乡戴德日长，千载永留人纪念；酬庸无别物，数百里高材星聚，一堂同视公生辰。"

（4）丰顺。

作为重点侨乡的丰顺县，客家侨商亦积极提倡新学教育。

汤坑埔河乡的泰国侨商徐细养（1851—1932），于1906年捐资支持创办东海学堂（今丰顺东海中学前身，旅暹罗华侨努力劝募筹建），1910年捐大洋300元建丰顺劝业公所，1925年捐款600元助建丰顺一中"暹侨堂"，1931年捐款2000元建汤坑中学"炎辉礼堂"。

汤坑黎峰村的泰国侨商徐明皆（1875—1937），于1910年在家乡创办振东学堂，1925年、1931年分别捐资助建丰顺一中"暹侨堂"、汤坑中学。

汤坑东里乡的印尼侨商陈潘渔（1873—1949），慷慨资助当地华文教育——中华学校，历任该校董事会主席，亦热心故乡公益，慷慨捐资支持预川学校。

汤坑泰国侨商詹采卿（1878—1963），捐巨资建华文学校，资助故乡建丰顺一中"暹侨堂"、汤坑中学、金汤小学和汤坑红十字会。

（5）蕉岭。

1906年4月18日，镇平县官立中学（今蕉岭中学前身）开学，平远县华侨姚德胜莅临参观，捐大洋2000元。1911年，陈集菀、林梧冈、曾清吾等创办新铺公学（今新铺中学），陈集菀为第一任校长，曾清吾于1918年任校长。他们于1921年前往南洋募得1万多银元，新建成一批校舍。1916年，陈芝邺创办"新铺国民学校"（今新铺小学）。

总的来看，客家侨商在晚清新学思想的传入与初步实践中起了较大的作用。他们首先是以经济力量扶持新学思想的发展。清末，各中学堂虽采取西方模式，但封建教育思想仍然掺杂其中。1903年《奏定学堂章程》规定："无论何等学堂，均以忠孝为本，以中国经史文学为基，俾学生心术益归于纯正，而后以西学论其知识，练其艺能，务期他日成才，各适其用。"仍设置修身、读经、讲经等课程，向学生灌输传统宗法礼教及伦理道德思想，仍保留许多旧学规和各种禁令。对于此时的教育，我们或许不能过多地强调传统礼教的阻碍，而是更应看到西学对于传统教育观念模式的打破。此时期进步教育人士的作用或许正在于此。从当时梅州的情况来看，新学教育经常要与旧式道德和管理方法相对抗，如叶剑英在小学和中学时的抗争。1912年，叶剑英与其他进步师生为反对腐败的官办学校而创立私立"东山中学"，并在社会力量和华侨资助下得以渡过难关。1957年，他为东山中学44周年校庆题词时还特意提到了"海外侨胞的帮助"。

充当教员，直接参与新学教育，这是华侨引入和扶持新学的重要手段。华侨先进的思想、开拓的眼光和对于外部世界的了解，开辟了学生的智力，使学生们获益匪浅，更能放眼世界，胸怀祖国。许多侨

商及其子孙在辛亥革命中作出了突出贡献，他们在家乡培养革命人才。1906年春，同盟会会员谢逸桥在松口创立师范讲习所。1907年，黄冈起义失败后，谢逸桥与其弟谢良牧返回松口，与姚雨平、温靖侯等集资创办体育传习

梅州市东山中学（魏明枢　摄）

所，谢逸桥等自任教员，为辛亥革命培养了大批人才。辛亥革命的烈士林维明、江柏坚、谢鲁倩、李佐夫等，是叶剑英元帅在三堡学堂读书时的老师。校长谢鲁倩是出生于荷属东印度的华侨富商之子。林维明老师毕业于日本体育学校，他将体育运动直接与国家民族命运联系在一起。他们在家乡积极传播革命思想，在客家地区营造了一种革命的氛围，为祖国培养了无数人才。叶剑英等大批革命家正是在他们的熏陶教育下逐渐成长起来的。1886年2月出生于荷属爪哇巴城的罗福星，于1906年全家返回蕉岭，在一家学校任体育教员。1908年，他到南洋视察华侨教育工作，先后在新加坡、爪哇中华学校任校长，并积极组织侨胞参加孙中山领导的革命运动。

六　民国客家侨商史话

　　辛亥革命后，中国人有了更加强烈的民主共和意识，民族主义情感强烈，但中国人出国和向往西方的热情也更加高涨，向西方学习的同时，客家侨乡过番谋生的浪潮亦更大，移民浪潮更强烈。就在这种背景下，涌现出一批爱国爱乡的客家侨商，他们延续了晚清以来客家侨商的传统，尽全力于近代实业生产，创造了巨大的业绩。

（一）万金油大王胡文虎

胡文虎　　　　　　　　　胡文豹

　　胡文虎（1882—1954），南洋著名客籍华侨企业家、报业家和慈善家，他独资创办了10多家中、英文报纸，被誉为"万金油大王"、"报业大王"，被称为南洋华侨传奇人物。

　　1882年1月16日，胡文虎出生于缅甸仰光，胡文虎兄弟3人，长兄文龙早夭，幼弟名文豹，祖籍在福建省永定县下洋镇中川村。父亲

胡子钦是一名中医，早年从故乡出洋前往仰光谋生，在仰光开设了永安堂中药铺，并娶妻生子。

虽然生活在异国他乡，但胡子钦对于客家山乡依然有着强烈的眷恋。1892 年，胡文虎被父亲送回老家永定，接受中国传统的文化教育，胡文豹则留在缅甸受英式教育。4 年后，胡文虎才重返仰光，协助父亲料理药铺，并跟随父亲学中医。就在这 4 年里，10 岁到 14 岁的翩翩少年，在老家感受到了客家的传统文化，也爱上了这个纯朴的客家山村。

1908 年，父亲胡子钦病故，留下了"做人要有志气"六字遗嘱。胡文虎、胡文豹兄弟继承了父业，两人同心协力，胡文虎通晓中文，经常往来香港等地办货。胡文豹则通晓英文，留守仰光店面，相得益彰。

在业务蒸蒸日上的兴旺发展中，胡文虎对于未来有了更大的规划。1909 年，他在中国、日本以及暹罗等地，考察中西药业，拜访和请教民间名医。第二年回到仰光，他即着手扩充永安堂虎豹行，聘请多名中西医、药剂师，

永定土楼（魏明枢　摄）

研制丹、膏、丸、散成药百种，最后制成"万金油"、"八卦丹"、"头痛粉"、"清快水"、"止痛散"等 5 种虎标良药。虎标良药价廉物美，携带方便，服用简便而功效迅速，因而一投入市场即广受欢迎，逐渐发展成为居家必备、老少皆知的药品，畅销于东南亚、印度、中国等地。他先后在新加坡、马来亚、中国香港各地广设分行。

1914 年，胡文虎在新加坡设立永安堂总行，将仰光业务留胡文豹主持，自己则在新加坡兴建新药厂。1920 年在总行开设制药总厂，有管理和技术人员 30 多人，生产工人 600 多人。其生产规模每年可产万金油 900 万打，八卦丹 300 万打，头痛粉 600 万打，清快水 60 万打；

每年营业额达叻币 1000 多万元。新加坡是南洋的中心，从仰光到新加坡是其走向国际化发展的重大飞跃。

1932 年，胡文虎又将永安堂总行从新加坡迁至香港，并在广州、汕头兴建制药厂，还在中国的上海、厦门、福州、天津、桂林、汉口、长沙、海口、惠州、梧州、贵阳、桂林、昆明、西安、澳门、台湾、菲律宾、越南，荷属东印度的巴城、槟榔屿、

万金油商标（资料片）

棉兰、泗水，暹罗的曼谷等地设立分行，甚至在较大的村镇设立特约经销处。

万金油等虎标良药从南洋扩展到中国，这是胡文虎制药业务的又一次大发展，胡氏兄弟也成为著名的华侨富翁和"药业大王"。抗日战争期间，虎标良药产业达到鼎盛时期，畅销于整个西太平洋以及印度洋，包括中国、东南亚以及印度这三大人口最多的市场。"虎标良药可能性的顾客相当于地球全人类的半数以上"，"万金油使胡文虎发财何止万金，而是无量数"。据有关资料综合统计与分析，永安堂最高年产值可达叻币 1.2 亿元。

在走向"药业大王"的进程中，胡文虎也因投资报业而成为"报业巨子"。1908 年，他在仰光集股合办《仰光日报》。1929 年 1 月，他在新加坡独资兴办了其第一家报纸《星洲日报》。两年后，在广东汕头创办《星华日报》。1935 年初，在厦门发行其第三家报纸《星光日报》。同年底，在新加坡正式发行《星中晚报》。他筹备在广州创办《星粤日报》，并开始修建印刷厂，

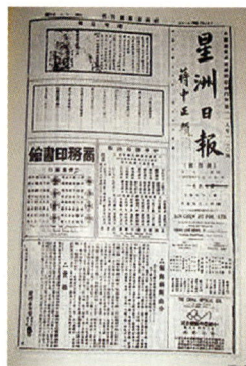

后因华南局势动乱而搁浅。1938 年 8 月 1 日，以名记者金仲华为总编辑的《星岛日报》在香港正式出版，这是星系报业中最成功的一份。

1941 年底，《星槟日报》在马来亚槟榔屿顺利出版。缅甸的《星仰日报》和荷属东印度的《星巴日报》因战争爆发，半途而废。1945 年抗战胜利后，他迅速恢复了战前已经出版的报纸，又在福州创刊《星闽日报》，在上海筹办《星沪日报》，还计划在北平、汉口、沈阳和台北设立报馆，并恢复战时被日军拆毁的广州印刷厂，但因当时国内局势动乱，都未能实现。1949 年 3 月，胡文虎在香港创办英文《虎报》（*Tiger Standard*）。第二年，又在泰国创办《星暹日报》，在新加坡也增刊英文《虎报》。至 1952 年，他先后办起了 10 多家均以星字冠名的报纸，既有中文版报刊，也有英文版报刊，被称为星系报业。

胡文虎办报的初衷是给虎标药品做广告，自己印刷药品的商标、包装纸、说明书等，对于胡文虎来说，报业与企业是统一的，也是相互维系的。星系报业对于虎标良药的宣传使万金油家喻户晓，广受欢迎；万金油等企业的兴旺，又为办报提供了雄厚的资金。在药业发展中，胡文虎还投资银行、房地产等，形成了"银行、保险、制药、报纸等多种行业企业的财团"，也形成了跨国企业网络系统。但后来，随着报业的发展，他认识到报刊的政治意义，便标榜以商业立场办报，为民众作喉舌。星系报业在抗日战争中起过积极的作用，其办报方针是"为国家服务、为抗日努力"，"不以营利为目的，专以服务为前提，宣传抗日救国，竖民众之信念"。许多著名的进步文化人士，如金仲华、俞颂华、郁达夫等，都曾在中国香港、新加坡星系报馆中任过主编、编辑。著名画家叶浅予、摄影家郎静山等也曾任图画副刊特约记者。

胡文虎还是个宅心仁厚、广济博施的大慈善家，强调要让钱财服务于社会，服务于人。他在 20 年代即决定将永安堂赢利的 1/4 作为慈善公益专款，嗣后逐年增至 3/5。他说："我是取诸社会，用诸社会。"又说："自我得之，自我散之，以天下之财，供天下之用。"因此，他乐善好施，热心教育，进行了广泛的慈善活动，以之为事业。

胡文虎情钟于赞助教育。在新加坡，他捐建 10 多所义务学校和中小学。1928 年，胡文虎担任新加坡南洋华侨中学总理，并捐资数万元。1935 年，他独资创办了新加坡民众义务学校，是当时南洋唯一设备完善的义务学校，学校有学生 1600 多名，分上午、下午、夜校、女子等四部。1938 年春，他大力支持创办新加坡中正中学，并出任该校

福建永定中川胡氏家庙（魏明枢 摄）

董事长。新加坡南洋女校、崇正学校、养正学校、静方女校、南华女校以及美以美会女校、圣约瑟实业学校，北马槟榔屿的钟灵中学、马六甲的培风学校以及霹雳、麻坡等地的学校都获得过他的经费或设备捐赠。他对所有华文学校，"畛域不分，一视同仁"，"凡有请求，辄不悭拒"。

在国内，胡文虎先后捐助过的学校有：上海的大厦大学和两江女子体育专科学校，广州的中山大学、岭南大学和仲凯农工学校，汕头的私立回澜中学、汕头市立女子中学，福建的厦门大学、福州福建学院、厦门中学、厦门大同中学、厦门中华中学、双十中学、厦门群惠中学、下洋侨育中学等，海口的海琼中学。在这些院校中，多建有"虎豹堂"、"虎豹楼"、"虎豹图书馆"、"虎豹体育馆"、"文虎科学馆"以及"虎豹亭"之类的纪念性建筑物。

胡文虎素有普及教育和扫除文盲的愿望。1935年，他宣布捐款350万元（港币），10年内在全国各地建1000所小学，争取每县办一所。到抗战爆发前，共建成300所小学，其中福建有70所，花费150万元，剩余的200万元存入香港中国银行，希望战后能用此款继续兴建小学。后来，此款全部认购了"抗日救国公债"，希望在抗战胜利后继续兴办小学。但是，抗战胜利后通货恶性膨胀，币值大贬，200万元公债已经变成一堆废纸，胡文虎兴建千所小学的宏愿也完全落空，成为终生憾事。

胡文虎的另一慈善事业是捐赠医药，创建医院，造福贫民。1931年，他独资捐献国币37.5万元，建成了有4层大楼的南京中央医院，该院至今仍矗立于南京中山东路。1933年至1934年，他为兴建汕头医院、厦门中山医院、福州福建省立医院各捐款20万元。他还在国内外创办或捐助40多所普通医院、麻风病医院、接生院（妇产医院）、安老院（养老院）、孤儿院。他还捐款创办上海儿童教养所、广州儿

童新村等等。抗战期间，胡文虎曾致函重庆国民政府，决定在抗战胜利后修建县级医院100所，并汇款1000万元（当时估计大县建一所医院需10万元，小县需5万元，共需款1000万元），分别存入当时的中央、中国、交通、农民四家银行。但这笔巨款因通货膨胀也变成了一堆废纸，建造百所医院的愿望也最终落空。他

胡文虎 1946 年冬在故乡兴建的虎豹别墅（魏明枢 摄）

砖木结构，双层楼房，占地 2720 平方米，旁有二层楼房及胡氏故居"庆福堂"。别墅结构新颖别致，雕饰精美典雅，富有闽西侨乡建筑特色。

在国内捐资兴办的医院就有南京中央医院、汕头医院、福建省立医院、厦门中山医院、广东军医院、广州民众医院、广西梧州医院、香港虎豹救伤处等12所。在国外东南亚地区捐资兴办的医院有15所。

胡文虎热心体育事业，主张以"锻炼国民体格，发扬民族精神"为宗旨发展体育运动，他提倡与赞助组织体育团体，热心支持体育竞赛，大力资助体育场所建设等。早在1920年，胡文虎就以《星洲日报》的名义发起星洲男女排球竞赛。从1930年至1937年，新加坡共举行了5次华侨运动会，马来亚共举行4次运动会，每次胡文虎都捐巨款赞助，赞助经费达44000余元。胡文虎对国内运动大会也热心赞助，积极提倡，如闽南运动大会、全琼运动大会等，他都捐资鼓励或报销全部奖品。从1929年至1939年，胡文虎先后资助星马华人派网球、游泳、篮球、田径等选手，赴中国香港、爪哇、槟城、中国上海、澳大利亚等地比赛。尤其值得赞誉的是胡文虎拨款60万元，支持星岛足球队远征世界，载誉而归。此外，他还在国内外独资建设了许多体育场所，如星洲虎豹游泳池、暹京虎豹儿童运动场、福州体育场、海南岛白沙游泳池等等。在华侨企业家中，如此热心体育事业者，胡文虎实为第一人。

对于胡文虎慷慨输将于慈善事业，1941年，国民政府评价说："或办公益，或作善举，或助建设，或之抗战，达千万元之巨。抗战以还，胡氏付资于义捐及公债者已达数百万元。"1950年，英皇授予

他圣约翰救伤队爵士勋位。1951年初，香港大学设立"胡文虎妇产科病系奖学金"。

胡文虎说："爱国是华侨的天职。"这是他一生在实践着的一名句言。

首先，他以最大的热情支援祖国的抗战。1931年"九一八"事变后，胡文虎捐2.5万元支援东北抗日义勇军。1932年"一·二八"淞沪抗战爆发，十九路军浴血奋战。胡文虎闻讯，从银行电汇国币1万元给中国红十字会，作为前线救伤之用。2月下旬，又电汇1万元直接给十九路军的蔡廷锴，并捐赠大批"虎标良药"和其他药品。卢沟桥事变后，胡文虎捐赠药品、物资，出钱组织华侨救护队回国参加抢救伤兵工作。他及时将储存在香港永安堂的一批价值8000多元的纱布急运上海，支援宋庆龄、何香凝组织的抗日救护队。先后捐赠救护车多辆给中国红十字会总会和福建省政府。他先后义捐（包括认购"抗日救国公债"）总数超过300万元。抗日战争期间，胡文虎被选为国民政府国民参政会的华侨代表。1941年秋，他到重庆出席参政会议，受到蒋介石接见。返回香港时，正值太平洋战争爆发。日军占领香港后，胡文虎被软禁了3天，获释后仍留在香港。胡文虎是国内外人士一致公认的捐资献物较多的华侨。国民政府军事委员会曾致电嘉奖："情殷爱国，迥异寻常。"国民政府财政部特授予他一等金质奖章，军政部也颁发给他海陆空一等奖章。

福建永定县下洋镇胡文虎纪念馆（《胡文虎研究专辑》）

其次，他终生致力于国家的建设。20 世纪 30 年代，他出资 8 万元修筑闽西公路，投资 20 万元港币兴办福州自来水公司。1933 年，蒋光鼐组织"福建省建设委员会"，胡文虎应聘为该委员会委员，在《星洲日报》设立"新福建"专刊。抗战期间，他还以抗战胜利后的国家建设为念，设立了医院和学校建设的慈善专款。抗战胜利后，他又积极谋划回国投资。1946 年秋，他在新加坡发起组织"福建经济建设股份有限公司"，亲自担任筹备委员会主任。公司总资本初步定为国币 300 亿元，计划在东南亚募股 200 亿元，在国内募股 100 亿元，他自己率先承担 10 亿元。公司的第一个重大项目就是成立福建建设银行，但遭到了国民党政府的阻碍，行政院院长宋子文下令禁止开设福建建设银行，于是整个投资建设计划终告失败。广东解放后，他以私人名义两次给广州市长叶剑英写信，表示愿意为广州儿童教养院捐港币 13 万元，修建礼堂一座；为贫困同胞捐救济米 2 万斤；并认购"人民胜利折实公债" 2 万份。他对记者发表谈话表示："本人除热忱爱护国家，希望祖国富强、华侨地位提高外，对于政党政治，素不参与，凡能掌握政权，增进人民幸福者，俱为本人所愿竭诚拥护。"以此表达他对新政权的拥护。

新加坡南洋客属总会标志（资料片）　　　　　　　　总会大厦（资料片）

南洋客属总会，设在新加坡柏城街 20 号。1923 年 5 月初由胡文虎、汤湘霖等倡议筹建，1926 年开始修建会所，1928 年总会大厦落成，1929 年 8 月 23 日正式成立。胡文虎为第一任会长，汤湘霖、蓝禹甸为副会长。

随着客家人移民南洋的发展，南洋客家华侨人数日众，分布日广，与此同时，各地客家人的交往日益增多，成立打通地缘性质的客属同乡会组织非常必要。20 世纪 20 年代后，胡文虎以乡音、乡情、乡思为纽带，在香港组织了第一个客属团体——崇正总会，这是当地各省客家人的总会馆。接着，他又在新加坡与侨绅汤湘霖等成立了南洋客属总会，并被大家一致公推为会长。崇正总会和南洋客属总会成为团结东南亚各地客家同乡的核心组织，对东南亚各地客家社会的发展有着重大的影响。

在晚清，以张弼士、张榕轩等为代表的一代客家华侨先贤抓住机遇，从南洋的崛起到归国服务，他们扩展了客家人的力量。到了民国，作为侨生的胡文虎继承与发展了这种传统，与中国的联系更加紧密，对客家族群和社会的发展影响更加深入。他从小回乡接受过客家文化教育，也熟读中国传统经典，对于客家精神与文化有着强烈的认同，并在组织海外客家社会中起了重要的作用。他在香港崇正总会30周年纪念特别刊物的序文中说："我客家人士，既因故土硗壤养成勤劳善思，英迈创业精神……""客家精神就是刻苦耐劳，刚强弘毅、刻苦创业，团结奋斗。"显然，客家文化和精神给了胡文虎积极的影响，其克勤克俭、朴素节省、刻苦耐劳之精神，殆非常人所及。

（二）谢枢泗与泰国合艾市

谢枢泗

合艾（Hat Yai），位于马来半岛宋卡府西南，是泰国宋卡府最大的城市，也是泰国西南部最著名的城市。1979年有67000人，1984年底有20594户118703人，市区面积21.6平方公里，每平方公里平均5496人，到2005年有16万人。距离马来西亚只有36里，是泰国南部的重要商业中心，是泰南14府的交通中心和经济枢纽，铁路、公路通曼谷和西南地区各城镇。人口稠密，高楼林立，商贸发达，故有"小曼谷"之称。据市政府的统计，1985年各项收入总额为1.3亿多铢，仅次于首都曼谷。与北部不同的是，当地的穆斯林和具中国血统的居民比例较高。如今的泰南重镇合艾已经成为泰国的第三大城市，但它曾经只是个小村庄，其形成与发展，客家著名侨商谢枢泗（1886—1972）等人功不可没。

谢枢泗，光绪十二年十月初五（1886年10月31日）出生于广东嘉应州周溪乡（今梅州市梅江区东郊乡周溪村），父亲谢舜龄曾是农

民，后经营小杂货店。他原名枢曾，有一个姐姐和五个兄弟，因排行第四，故又名枢泗。其祖父谢云舫是一名私塾先生，枢泗在青少年时代通过祖父获得过良好的教育。1903 年 18 岁时，他往蕉岭新铺帮父亲做买卖。新铺和嘉应州都是著名侨乡，有着"下南洋"谋生的传统。1904 年 19 岁时，谢枢泗亦走上了过番谋生之路，来到暹罗曼谷，最初在他祖父的学生杨乡秀的德兴泰酒行中帮忙售酒。

20 世纪初，泰王拉玛五世朱拉隆功大力发展交通运输，修筑铁路。1909 年，暹罗向英国政府借款，并与英属马来亚联邦达成协议，准备把南线铁路从碧武里修到泰马边境，与马来亚的铁路相衔接。获知此信息后，谢枢泗辞去酒店工作，投身于南线铁路的修筑工作。

铁路工程由英国公司总承包，数千名华侨是主要劳工。每 30 里划分为一个工程段，每段有 200 名华工，按方言乡籍编组，谢枢泗成为其中的一个领班。由于施工速度快，质量好，受到了铁路工程公司的信任和赞赏，他很快便脱颖而出，被提拔为泰南地段铁路工程的总经理和巡检官。

当铁路修到离宋卡府不远的南莱村时，谢枢泗发现，这里矿藏丰富，便辞去筑路工作想从事采矿业。但是，他到宋卡不久便因身上的钱被偷，不得不又回去修筑铁路，投靠在董里府承包铁路工程的同乡徐子亭。起初，他带领工人在童颂附近筑路。1910 年，新婚不久的谢枢泗转包了工程艰巨的从博他笀到大仓段的考冲通隧道。工程按时完工后，他又连续 4 年先后承包了差旺至童颂段、童颂至乌大炮段、乌大炮至鸪坡段以及乌大炮至宋卡段的路基工程。

筑路期间，谢枢泗总难忘采矿业。他经常在乌大炮和南莱村两地奔走，发现了汪爬山、童担少乡、他郑乡的锡矿资源，这引起了他的开采欲望。他原打算在乌大炮河畔的涅县公署旁建造住宅安家，但乌大炮地势低凹，常有水患，因而并未受到谢的重视。大约于 1914 年，他在乌大炮火车站以南约 3 公里的铁路附近发现了一片长满白千层树的灌木林地，丛林附近有两个村庄：库沙蔹村（即白千层岗村）位于现在合艾火车站以北，合艾村位于现在合艾火车站以南。合是玛合树，艾是大，合艾村即大玛合树村，当时仅有 9 户农民居住。在当地村长柏龙高·库差拉的帮助下，他以 175 铢购得 50 莱（1 莱等于 2.4 市亩）土地。

谢枢泗正准备建设合艾时，铁道局向他购买了一部分土地，准备将火车站从乌大炮迁到那里，体现了他的独特眼光。1916年，他开辟了首条街道，命名为"谢枢泗街"（后改为"探玛农威提街"，华侨通称为"火车站直街"）；他搭建了五间草木结构的房屋，一间自住，一间设"泗发杂货店"，一间开办"泗发旅店"，其余两间租给蕉岭人开设"乾泰旅店"和"裕记旅店"。这些店铺的原址现在是京都银行合艾分行所在地。

1917年，火车站从乌大炮迁至新址，当地政府官员与谢枢泗等开会商讨给新火车站取名字，他说，他与外地的朋友通信时只要写"合艾"就能收到，因此建议给新开辟的居民点定名合艾，涅县也改称合艾县，县公署迁到库沙蔑村附近，合艾地名从此确立。此后，他在原五间房屋的东边又建了几间草顶木屋。

谢枢泗在合艾购买土地建房之时，当地人烟稀少，尚未开发，泰南铁路也尚未贯通。泰南铁路于1918年正式建成通车，合艾便成了橡胶种植园工人和锡矿工往来的中转站之一，逐渐发展为人烟稠密之区，谢枢泗的生意也日益兴旺。后来，他又兴建了两层瓦顶的店铺，一部分作为他私人的事务所"怡顺昌办事处"，一部分用来开设"万和安旅店"。与此同时，合艾县第一任县长拍沙尼哈蒙蒂向他租赁火车站直街一部分地产，建造了一排草顶店铺。

谢枢泗在合艾经营商业、建筑业、旅游业、地产业和各种加工业，在他的努力下，合艾逐渐地从一片旷野快速发展为初具规模的城镇，人口和企业都迅速增长，显示出蒸蒸日上的繁荣景象。后来，他陆续投资开辟了几百莱土地。

1924年9月1日，当地政府为谢枢泗设计和规划建设的合艾镇与合艾火车站举行了隆重的落成揭幕仪式，当时的合艾镇只有一条直通火车站的"谢枢泗街"。随着人口的增加，谢枢泗陆续建成谢枢泗一路、二路、三路3条横街，后改名为"宜发乌蒂一路""宜发乌蒂二路"和"宜发乌蒂三路"（宜发是泰国七世皇陛下诰封谢枢泗为"坤宜发真纳宽"男爵之爵名，乌蒂意为捐献）。

客家侨商徐锦荣也为合艾市区的发展作出了贡献。他购置了铁路以东碧格盛路一带的大片地产，先后兴修了拉迈巴立路、栖瓦努逊路、猜耶恭路、趁呦路等街道，建造了许多店铺，还捐献部分地产创办西

那空学校。

1928年，合艾已形成一个有100多个商店和1500人以上人口的商业中心，于是升格为自治镇。谢枢泗作为当地工商界代表，担任该镇首届委员会的委员。他把合艾开拓为镇以后，其经济活动就转向开采锡矿，后来创办"宜发父子有限公司"，拥有几座锡矿矿山。

到30年代中期，合艾已有上千间木屋和3条以其名字命名的公路干线（即枢泗一、二、三路），合艾区开始变成商业中心。至40年代初，合艾已发展成一个集商业、小型工业、采矿业、外贸出口、渔业和教育事业于一体的城市，1949年合艾镇升格为合艾市。谢枢泗又先后兴修了火车站直街、宜发乌蒂街（一街至三街）、宜发颂可路（一路至五路）、宜发颂可巷（一巷至廿四巷），合艾市区内外开辟和修建了34条以他的名字命名的公路和街道。

在事业的不断拓展中，谢枢泗乐善好施，40多年间，他在侨居地平均每年捐款逾百万铢用于社会福利和慈善事业。合艾建镇初期，他就捐地捐款开辟合艾市区，设立集市商业区。他还捐地建政府办公楼，兴办各项文化设施。30年代，他捐献180莱地在合艾县万卜区建立了"合艾中华义山"。40年代，他捐款8000铢兴修孔莲公路，捐款2万铢修筑汪爬公路。"二战"期间，他向合艾的医院捐款购买防治狂犬病和毒蛇咬伤的血清以及防治疟疾的注射剂。"二战"结束后，他捐款1万铢救济泰南的中国侨民。泰南最大和最现代化的医院——合艾医院和合艾中专学校都由他捐地并独捐巨款兴建。合艾老年人慈善救济院（即合艾市中华慈善院前身）亦由他捐献地产兴建。1945年和1955年，他两次发起捐款为侨胞无主坟遗骸举行集体火葬。1955年，他捐献14莱地，兴筑了泰南设备最齐全的现代化体育场——紫拉纳宽体育场，捐款20万铢资助体育事业。

谢枢泗在合艾的事业与奉献，得到了泰国政府的肯定。1929年，暹罗七世皇巴差提勃巡幸泰南，有感于谢枢泗开拓泰南和合艾的功绩，特诰封他为"坤宜发真纳宽"男爵，并御赐勋章。1932年，暹罗首任国务总理披耶拍凤·育社那曾奏请拉玛八世皇御赐谢枢泗三等白象勋章。此后泰国历届国务总理均有奏请皇上御赐谢枢泗勋章或纪念别针，先后共有30余枚。1939年，谢枢泗获准加入泰国国籍。泰国废除爵位制度后，1941年11月27日，获泰国内政部批准，他以泰皇御赐爵名"宜发"为名字。1944 年 6 月 12 日，又被批准注册以"紫拉（或译为芝兰）纳宽"为家族姓氏。谢枢泗一生获得的皇家各类勋章有 30 多枚，有此殊荣的，谢氏实为泰国华侨第一人，乃泰南重镇合艾的开拓者、开埠功臣。

1972 年 12 月 10 日，谢枢泗于合艾碧甲森路 428 号宝树堂私邸逝世，享年 87 岁。拉玛九世普密蓬御赐其安葬于合艾市往宋卡中途之喃莱站后的谢枢泗公园。1985 年 9 月 1 日，正值合艾建镇 61 周年，合艾举办了谢枢泗百年诞辰纪念活动。为了纪念谢枢泗开辟合艾市的丰功伟绩，合艾市政府决定在紫拉纳宽体育场前竖立谢枢泗全身铜像，并由泰国教育部部长川·立派主持，举行了隆重的铜像揭幕典礼，9 月 1 日被定为合艾市开埠纪念日。合艾市华侨联合会在谢氏铜像落成典礼上，敬呈有挽联："合艾看繁荣，十里名城双手创；市民讴德惠，一株宝树万家春。"他被称誉为："独具慧眼，功德无量，造福后人，是近代名副其实的华侨卓杰。"

50 年代后，谢枢泗的儿子谢其昌曾两任合艾市长及连任合艾市议会主席。合艾发展成为泰南的经济和交通中心，是泰国重要的商业贸易、金融和旅游中心之一。市区内有商店 6000 多家，宾馆旅社 1000 多家，成为泰国让人向往的新兴城市，常被人们称为"小曼谷"。

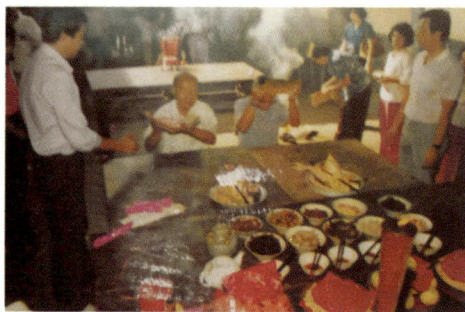

谢其昌回乡拜祖（资料片）

（三）博览会的积极推动者

第一届世界博览会于 1851 年在伦敦举行。博览会被誉为经济、科技、文化界的盛会，中国人曾称之为"炫奇会"或"赛奇会"。随着中西交流的发展以及中国近代经济的发展，博览会逐渐受到中国人的重视，郑观应便将之当作"通工惠商要务"，张弼士和张煜南等客家商人也是中国现代博览会的积极推动者。

1910 年 6 月 11 日至 11 月 29 日，清政府在江宁（今南京）举办了大型的中外商品陈列赛会，即南洋劝业会。劝业会起源于张弼士在

1904 年奉旨召见时向清廷提出的建议。他强调西方各国政府对工商业扶持奖励的重要性，提出举行大规模商品展览会的主张。1906 年，张弼士考察南洋各地区农工商务后，以专折向清廷具体汇报了考察情况，又提出筹办劝业会。对此，清廷批复让商部尚书载振、侍郎杨士琦尽快与两江总督端方共同提出劝业会的筹办方案。

1908 年秋，端方考察外国宪政归国后，被谕命署两江总督，兼任南洋通商大臣。当年 11 月，经奏准，端方正式着手筹备南洋劝业会。1909 年 5 月，端方调任直隶总督，两广总督张人骏调任两江总督，继续筹办南洋劝业会。他积极动员华侨参与，这是劝业会的一个重要内容。

海外客家侨商纷纷响应和参与南洋劝业会，张耀轩还试图开办南洋劝业会东南亚分会场。作为南洋劝业会的首倡者，张弼士更是积极参与。1909 年 7 月 28 日，为了组织广东的商品参与南洋劝业会，时任广州总商会总理的张弼士提议："招集资本五十万元，组织（参与南洋劝业会）公司，以免种种困难。"他的建议得到了大家的认可。在第三次讨论会上，他又被推为劝业会广东出品协会总理。

在张弼士的精心组织下，广东发起了全省教育产品展览会，在劝业会会场设立广东教育出品陈列所，择优汇送劝业会。张裕葡萄酒也参加了这次赛会，并且与惠州福惠公司所产的玻璃一同获得了超等奖，即张裕公司所说的"超等文凭"（后人则称之为金牌证书）。这是张裕值得庆贺的大事，是张裕成为国内名牌的标志。

南洋劝业会虽然盛况空前，组织者也竭尽全力，但经验不足，且官僚习气严重，最终亏空数十万元。为此，张煜南捐献 10 万元作为善后经费，20 万元承购会场的地基屋宇。除劝工场、美术馆、事务所、水产馆及马路桥梁和各省别馆外，其余均归张煜南收购。与此同时，两江总督张人骏奏请清廷，特派张煜南考察南洋各埠商务，以招集侨商经营长江一带各种实业。遗憾的是，张煜南不幸于 1911 年病逝。

南洋劝业会是在国内举行的一次工商业产品展览会，它展示了客家侨商强烈的民族情怀及近代实业理念。在美国举行的一场商品展览会——"庆祝巴拿马运河开航太平洋万国博览会"（后人简称"巴拿马赛会"）对客商亦有着特殊意义。1915 年，美国在旧金山举办"巴

南洋劝业会奖牌（资料片）

拿马赛会"。应美国总统威尔逊的邀请，袁世凯政府积极组织参与，并组建了以张弼士为团长的中国游美实业代表团。

就在这次博览会上，"山东张振勋"送展的红酒获得了金牌奖章，张裕公司的"可雅白兰地"因此改名为"金奖白兰地"。在"巴拿马赛会"上的获奖是张裕创办史上的重要一步，表明它已成为走向世界的中国民族品牌，开始了其世界品牌的历程。这增强了张裕在国人心中的重要地位，张裕公司出品的白兰地、味美思、玫瑰香与茅台、绍酒、西凤酒、汾酒、泸州大曲一起，并列为中国"八大名酒"。张裕的葡萄酒也逐渐风行全国，且远销海外。

巴拿马赛会奖牌（资料片）

中国游美实业代表团是中国人考察美国实业发展，与美国经济界进行互动并企望开创中美经济合作的重大事件，在近代中国历史上产生了深远的影响。实业团成员开阔了视野，张弼士还发表了讲话，强调"中美商业联合会之不容或缓"。从"巴拿马赛会"回来后，袁世凯"洪宪"政府"择尤奖励"游美实业团有功成员，作为团长，张弼士被授予二等嘉禾勋章，且"给匾额一方，以资奖励"。

（四）民国客家侨商在中国的经济投资

清末以来，华侨政策逐渐放宽，华侨与祖国的联系逐渐加强，与侨乡维持着密切的联系。政府也高度重视华侨的力量，积极鼓励侨商回国回乡投资。客家侨商与其他地区的华侨一样，积极回国回乡投资。进入民国以后，客家侨商在国内投资兴办了许多企业。根据 1959 年厦门大学南洋研究所做的初步调查，新中国成立前泰国客家籍华侨在梅县地区投资的部门就有商业、金融业、工业、交通业、服务业和采矿业等。

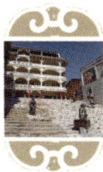

1. 交通业

20 年代中期，梅县籍著名印尼侨商萧郁斋带头捐资兴建隆文至松口的公路。在他的影响下，许多海外华侨广为集资，热心兴建公路。1927 年至 1937 年为梅县先后兴建了梅松、梅宫、梅西、梅丙、梅南、梅畲、梅瑶、

萧郁斋故居文华庄（资料片）

梅正、梅石、梅太、蓬石、丙蓬以及蕉（岭）武（平）等 10 多条公路，总长 250 多公里，在梅县形成了以县城为中心的公路网。这些公路都不同程度地吸收了华侨资本。

（1）梅松公路。始建于 1927 年，完成于 1931 年，全长 90 里，投资 8 万双毫（其中侨资 5 万双毫），先由邑人发起，然后派人到海外招股。印尼华侨饶弼臣、朱允塘、侯珍良、朱镜吾、李海烈，南非华侨朱德吾、钟耀延和缅甸华侨朱杰民等先后入股，其中饶氏投资最多，为 2.4 万双毫，组成利群行车公司。政府给予该公司行车专利 10 年，每日行车 12 班次，直至抗日战争前，公司历年有盈余。

（2）梅丙公路。始建于 1932 年，于 1933 年通车，全长 48 公里。由印尼华侨刘某组织益通行车公司，投入资金约 3 万元（其中侨资占 50%），置汽车 2 辆，月抽营业额的 20% 作为缴纳承租公路的建筑费，专利 5 年，1937 年以前公司年年有盈余。

（3）梅南公路。始建于 1932 年，于 1933 年通车，全长 27 公里。成立官商合办性质的益民行车公司，由政府征用民田，折土地入股，用民工开筑，不足之数向华侨招股，共投资 8 万多银元，其中南口印尼华侨潘某投资 1.5 万元（约占全部股份的

罗寿环故居（资料片）

1/5）。该公路还可由南口通往兴宁，故旅客往来较频繁，营业以来，年年有盈余。

（4）蕉岭县至福建武平公路。1931年，蕉岭县旅居马来亚华侨罗寿环自己捐资1万元大洋，并向侨胞集资6万元大洋，回国亲自督建该公路，全长55公里。

在水路方面，1947年东南亚华侨独资创办祥利轮号（投资1.5万港元），同年东南亚归侨合资创办大隆轮号（投资3万港元），1948年东南亚归侨独资创办快富轮号（投资3万港元）。以上三家全属侨资。

1927年11月，香港嘉属商会集资设立韩江船务公司，为嘉属华侨往返南洋各地提供服务。

2. 工业

1899年，梅城"黄海丰"布店老板黄信如，特聘大埔暹罗归侨范坤南，在城内关帝庙侧的曾家祠开办"嘉应染织传习所"，教授近代纺织工艺技术，附设染织厂以供实习用，共举办了3年6期，毕业学员达300多人，他们大部分各自兴办小规模的家庭染织手工业。20年代，专门纺织尺八色织布的工厂，就有梅南染织、振东公司纺织厂、开明染织厂、曾同义染织厂等大小布厂100多家，尺八色织布远销中国赣、闽等省乃至暹罗、新加坡等。

1910年，姚德胜返回平远，创办纺织厂，开设印刷局。

1915年，一些知名人士、工商界、华侨界共集资6万大洋，在梅城成立"梅县光耀电灯股份有限公司"，黄兰君任总经理，1917年春投产，此为梅城有电灯照明之始。

陈仁楷

1931年，丰顺归侨黄宗轻在汤坑东二市侧创办"利民火砻厂"，安装8匹马力木炭机带动碾米机，晚间拖动5千瓦直流发电机发电。汤坑镇始有电灯，但电量小，仅供附近几家照明。

1941年，丘元荣独资创办了梅县华侨玻璃厂。其他华侨还投资兴建了正中机械修理厂、火柴厂、印刷厂等。

陈仁楷（1884—1958），兴宁人。1932年1月，他以本人资金为基础，发动旅居爪哇茂物、

办甲巫眉、巴城同乡回国投资，创办"兴宁华侨水电股份有限公司"，购进一台装机容量为115千瓦的德国制造水轮发电机，选定新和响水径为厂址。1933年夏，水坝、涵洞、水管、厂房基本完工，开始安装电机，但特大洪水冲毁了水电站的基建工程。同年冬，他重返爪哇，再次筹集资金。1937年春建成发电，并利用电力在兴田路开设"同利公司"，经营碾米业。1938年，他为筹办自来水厂，第三次前往爪哇筹集资金。1941年太平洋战争爆发，他所购买的大批自来水钢管在香港遭日寇劫截，厂未能建成。

3. 采矿业

民国期间，梅州侨贤先后创办了5家煤矿公司。

（1）协泰煤矿公司。1911年成立，由印尼华侨丘某经营，投资10万元。采取合股形式，向当地地主承租矿区，矿区主的租金为上交产煤量的20%～30%。

（2）人和公司。1912年成立，由丙村印尼华侨经营，资本额为1万元，侨资占一半。

（3）杨文煤矿公司。1915年成立，资本额为1万元。

（4）谢田煤矿公司。1915年成立，资本额为1万元。

（5）有利公司。1927年至1928年成立，由丙村印尼华侨刘某独资经营，资本额为1.5万元。

以上5家煤矿公司均用土法开采，故年产量不多，主要销往潮汕一带，潮汕沦陷后一度转销上海，一直维持至1949年。

4. 服务业

梅州华侨在家乡投资的服务业主要为旅社业，约占投资总额（73万多元）的70%，次为影院、酒楼和照相等业。

（1）旅社业。梅城的光华、西南通、锦江、嘉应、大同、程江、梅东、新锦江和岭东等旅社，松口的松口大旅社和全球、环球等旅社，都有侨资介入，或者完全是侨资。松口大旅社创建于1929年，由印尼华侨组织股份公司经营，造价为5万双毫（全部侨资），共5层，是当时松口的宏伟建筑，内部设备价值1.5万双毫，其中华侨占500股（每股300元）。1933年开业，直至1945年，年年有盈余。

（2）古淦才与梅城的影剧院。城东蓬塘村缅甸华侨古淦才于1938年归国。第二年3月，他与叶树恩、钟显环等人集资在梅城创办了一座可容观众600多人的简易戏院，命名为"梅县戏院"。同年8月，梅县戏院购置了柴油发电机、电影放映机，成为梅城首家影剧院。戏院先后投资达9000元，其中华侨股东古淦才、黄修贤、黄笠仙、朱杰民、赖五伯等人占3000元。到1942年，古淦才以大股东接手经营戏院，租地另建"高乐戏院"。1944年，由于驻军闹事，戏院被捣毁，放映机、发电机遭破坏，损失达5000余元，被迫停业。后来，古淦才邀集兴宁县"群乐戏院"入股，改名为"新光戏院"，于1944年冬重新开业。新光戏院一直经营到1952年2月，全部设备转给梅县人民电影院。

梅城凌风路（魏明枢　摄）

（3）虹桥头"张善记"饺面店。1937年，梅城虹桥头张屋张善生从荷属东印度回国。第二年，他在今文化公园的清风亭右侧，用木板搭成小店，开设了一家"张善记"饺面店，经营饺面、烧卖小吃，食客如云，成为妇幼皆知的"虹桥头烧卖"。"张善记"一直经营到1956年，参加合作化后并入国营饮食店，其木板店亦于1958年建梅州文化公园时被拆掉。

（4）五华归侨钟韶光经营"怀安西药房"。钟韶光于1930年回国，在兴宁县大新街兴建一座四层楼房，开设以西药为主的"怀安西药房"，兼设诊所。当时兴城西药短缺，开业后，门庭若市，行医有道，几年工夫药房兴旺，资财日厚。

5. 商业

1946年，印尼归侨李梅英在梅城凌风西路68号独资开设了一家"西雅"餐室，经营各种冷饮、各色罐头、饼干、面包食品；后改营罐头、百货等批发、零售和发放侨批（其丈夫是水客）。"西雅"当时

在梅城的商海中颇具特色，一直经营到解放后。

新中国成立前，梅州城镇和农村的集镇利用侨资兴建的街道、市场、楼宇商场，随处可见。

（1）梅县松口镇。梅县最大的圩镇，有1000多间店宇，60％由华侨投资兴建，或者用侨资购

梅县松口老商业街（魏明枢　摄）

买。松口中山公园、图书馆、中学、小学，以及街道、农贸市场，都由华侨募建。

（2）梅县畲江镇。有房屋近千间，店宇大部分靠侨资建筑。

（3）1933年，整治丰顺汤坑市政，扩建骑楼马路，新建大街及河唇街店铺85间。1934年，旅暹罗侨胞徐氏倡建东二市店铺70间。

（4）李桂和兴建"桂和街"。从30年代起，五华县旅马来亚怡保侨商李桂和在县城（今华城镇）兴建了一条"桂和街"，共112间店铺。

（5）张子良兴建"子良街"。1929年，五

五华县华城镇"桂和街"（资料片）

华县潭下旅新加坡侨商张子良在华城雷公墩老码头下独资兴建二层古式楼房，形成了"子良街"，占地面积2200余平方米。因抗日战争影响，只建有商店13间，1938年秋被日机炸毁2间，后张子良出卖了8间。

（6）兴宁县永和大成侨商张伟南、张价城兄弟在越南堤岸市及柬埔寨金边和上丁市创业成功后回国拓展商贸，在兴城万盛街、大新街设立了"敬昌泰纶绸缎庄"、"宝昌汇兑钱庄"、"兴昌油豆行"、"兴宁大陆烟草公司"等商号，在汕头开办了"汕头大昌肥皂公司"。

张伟南、张价城兄弟在兴宁县宁中镇古塘村所建的"鑑光庐"，三横二栋一围龙，有80多个房间。1935年，"中国奥运之父"王正廷为屋名题字（张海涛　摄）

抗日胜利后，侨汇逐渐恢复。侨户多购置产业，或在圩镇上购买店铺，或开小商店，经营小手工业、茶楼、酒店等。

6. 机器制造与修理业

1888年，梅县荷泗新加坡华侨黄琼清在西门街与其胞弟黄琚清开设"墨林雕刻印刷店"，后又在珠条街开设"以五堂"（含金木水火土之意），修理钟表及机器业务。1915年冬，黄琚清自己绘制了车床蓝图，亲赴广州铸造车床头刀架、顶针座，翌年春归来装配，创造了一部铁木制的脚踏车床，可车制1～2公尺直径、3～4公尺长的工件。这是当时梅城罕见的先进工具。后来，他又发展铸造业，生产药房制造仁丹用的压榨机、成丸机、修配印刷机、毛巾机、织袜机、织布机等的主轴、曲轴及其配件。再后来，其子黄奕明兄弟在梅石路开设了"黄奕记机器修造厂"，业务有车、钳、焊及修理汽车、轮船，并生产汽车、自行车零部件，开创了梅城近代机器修造业。新中国成立前，梅城的机器修造厂（店）先后达37家之多。"正中"、"友联"、"胜利"、"联和"四厂规模最大，力量最雄厚。归侨叶正中则是梅城机械修造业中之泰斗。

7. 金融业

民国时期，梅州的金融业主要有侨批业和银庄。

120

（1）侨批业。侨批，又称番批、银批，后来称侨汇，意思是又汇钱又寄信。"批"原本是闽南话"信"的意思，侨批的闽南话拼法是Kiaopue，侨批局也就是华侨汇款服务处。1887年，新加坡有49家民信局，其中梅州籍两家。新中国成立之初，梅州各县挂牌的侨批局有59间。其中，梅县15间，大埔27间，丰顺15间，兴宁2间，其他4间。

（2）邓树南创办梅县大生银庄。1912年，旅荷属东印度华侨邓树南以自有3万银元，发起集资共约5万银元，创办了梅城第一家银庄——大生银庄，他自任总经理，总庄设在梅城，在中国香港、汕头、兴宁及荷属东印度等地设立分支机构。几年以后，大生银庄业务兴盛，曾发行过"本票"。1924年秋，因梅州驻军林虎部以假银元寄存在大生银庄兴宁分庄钱柜保管，取出时硬诬为以假换真，引起了存户

邓树南

挤兑。受此冲击，银庄业务衰落，接着又出现香港、汕头分庄负责人卷款潜逃事件。邓树南遭此内外打击，于1925年5月19日含恨去世，银庄亦随之破产。

8. 建筑业

客家人讲究百年开基，在家乡做大屋无论何时都是一桩大事业。在外发财后，他们都会回家做大屋。做屋，成为衡量其是否成功的一般性标志。可以说，这是客家侨商们最重要的一项投资，非常庞大。因此，在客家地区，华侨所建之房屋遍及各地，许多偏僻山区至今仍保存着完好的大型客式或中西合璧的侨房。梁伯聪在《梅县风土二百咏》中有诗："异乡归客望城堙，恍惚迷离认不真。白屋千家村落盛，中枢整块市廛新。"他解释说："梅县人十家而九往南洋营生。太平洋战事未发生前，洋银汇水高涨，多运回营造新居，乡村白屋弥望皆是。民国廿一年后，彭、梁两县长改造街市，建筑一切，马路四达，铺宇崇高，乡人久客归家，多迷向往。在广东全省，除省会、潮汕都市外，建筑整齐，当以梅县为各处冠。"

大埔县大麻镇小留村继岳楼（魏明枢 摄）

印尼侨商郭雁超建于 1939 年。坐西向东，两层，有 30 多个房间，是传统堂横屋布局，占地五亩。经子孙扩建池塘和公园，现占地约七亩。

绮园（魏明枢 摄）

位于百侯镇侯南村，新加坡侨商杨绮石建于民国后期，占地 689 平方米，建筑面积 358 平方米。

海源楼（魏明枢 摄）

建于 1917 年，马来亚侨商杨潮荣建。当地人曾视之为家乡连接南洋的"邮局"。楼的外形为欧式，内部为中式，高三层，大门为欧洲教堂风格，屋顶为客家民居特征，占地 696 平方米，面积 752 平方米。

继善楼（魏明枢 摄）

位于广东省梅县雁洋镇桥溪村，印尼侨商朱汀源等五兄弟联合兴建于 1902 年，前后历时 12 年，耗费大洋 12 万。属列杠式客家围屋，七排横屋由五个大门联结而成。

南口侨乡村洋楼（魏明枢 摄）

又称焕云楼，始建于1927年，为印尼华侨潘焕润（又名潘焕云）、潘耀润（又名潘耀云）、潘行润（又名潘行三）、潘创润（又名潘创四）四兄弟共同出资兴建。该楼建筑造型独特，雕龙筑凤，规模宏伟，系西式巴洛克风格建筑，又融入中国传统文化元素。该楼占地近万平方米，完全建成达70多间，因该楼为仿西式建筑，又未正式上名，故当地群众称其为"洋楼"。

承德堂（魏明枢 摄）

位于梅县南口镇高田村，印尼华侨潘展初始建于1904年，落成于1914年，占地面积1620平方米，建筑面积2520平方米。潘展初（1873—1933），晚清监生，早年在广州经营大型百货公司及绸缎庄，后在香港连中三次"马标"（彩票）。除广州的公司外，他还是香港"和通公司"、日本"得人和"公司、荷属东印度"阜通"公司和"裕通"公司的股东，还在荷属东印度经营大型百货公司。他热心公益、乐善好施，村中修路办学、修族谱等公益事业，均乐捐巨款。

南华又庐（魏明枢　摄）

位于梅县南口镇麓湖山下的侨乡村，著名侨商潘祥初（毓辉）用了 18 年的时间去建设，建成于 1904 年，占地一万多平方米，屋内分上、中、下堂，二楼共八堂，左右两侧各四堂，屋背有果园，全屋共 118 间房，大小厅堂几十个，故又称"十厅九井（天井）"。2002 年被列入广东省文物保护单位。

9. 海南省琼中县的爪哇街

民国时期，印尼客籍华侨在琼中县松涛村
建立了爪哇街，并拟成立"松涛县"（《海南客家》）

由荷属东印度爪哇岛回国的梅县华侨在海南省琼中县的三脚岭山麓所创建，当年叫作三脚岭爪哇街。1923 年，梅县印尼华侨郑任良留日归国，到海南考察。他发现在南渡江上游的番企坡渡口至三脚岭一带，土壤肥沃松软，交通方便，是发展经营种植热带经济作物的好地方。于是，他与梅县印尼实业家郑雨贞等，计划在三脚岭地区创办种养业公司。东南亚一带的客家华侨积极响应，集资捐款达 20 余万大洋。1930 年，郑任良在番企坡渡口南端的三脚岭山麓设立松涛华侨实业公司，并出任首届董事长。他又在海口德胜沙路设立松涛华侨实业公司银行，兼任行长。翌年，松涛公司建成松涛大桥（今番企桥）。1932 年开通三脚岭到临高县和舍的公路，全程约 40 公里长。1934 年，松涛华侨实业公司指派水利工程师郑金寿（祖籍梅县）设计、施工，

建成松坡水坝。

三脚岭地区的开发，使公司总部驻地聚集了100多户华侨，建立了一幢幢楼房，占地面积约40亩，自然形成贸易市场。1936年，公司设立三脚岭圩市，命名爪哇街，设有商场、菜市、鱼行、肉档、糖坊、邮政所等，成为琼西、琼中的经济贸易中心。1935年，梅县人陈进纯在爪哇街创办了松涛小学，并出任校长。

松涛公司在三脚岭地区开辟了五个商品粮基地，种植水稻2000余亩、桐油树3000多亩、槟榔4万余株，还有大量柑果和沙田柚。梅县赖标文从印尼引进橡胶，养牧黄牛300多头。1939年，日军在海口登陆。不久，爪哇街惨遭日本飞机轰炸，松涛公司与爪哇街都成了废墟，当地客家人不得不各散东西。

10. 海南省儋县那大镇的梅县街

1932—1935年间，一批印尼华侨响应郑任良到海南岛种植热带作物的号召，陆续从印尼回到那大镇定居，在那大镇的西南隅形成了梅县人集中居住的梅兴街，意为"梅县人到此兴旺发达"，现属于那大镇胜利街的一部分。在镇的西北边则是以梅县的泰国华侨为主兴建的梅南街。日军侵略海南后，梅南街被日军夷平，梅兴街则因被日军占用而得以幸免。

松口人沈谊美，18岁往荷属东印度，和丈夫李道展在雅加达担公岸做杂货生意，因卖酒不交税，被甲必丹发觉，李道展被迫到暹罗避风一年。1934—1935年间回国来到梅兴街，初在松涛搞种植，买了两担余面积的田及向自己田倾斜的一片山场，种槟榔、椰子、芒果、柿子、荔枝、龙眼、沙田柚、番石榴、香蕉等。

1935年，梅县松口人黄宪荣响应郑任良号召，带着才15岁的孙子黄沐展回海南岛种植橡胶。当时，他以150元在松涛买了一间住房，又在那大镇做屋。

同年，丙村华侨李桂四回到那大镇，先租屋住了3年，后花100多元在梅兴街买地做屋。

11. 在潮汕地区的投资

民国初年，梅县丙村华侨谢茂棠在潮州市西门外创办励华火柴厂，梅县华侨李国亮在潮州西湖山后投资创办华侨冰霜厂。1916年，南洋华侨杨浚如和大埔萧林秋等人总投资22.5万元建成汕（头）漳（林）轻便铁路。

12. 平远县热柘华侨刘懋汉

刘懋汉（1904—1979），1941年返国，与其堂兄懋升到江西省兴国县垦荒办农场。后因日寇南侵，侨汇困难未果。

（五）民国客家侨商与家乡教育

辛亥革命以后，客家地区的文化教育事业进一步发展，逐渐普及现代教育。客家侨胞继续热心兴学育才，对于侨乡教育的意义非同寻常。许多华侨对于家乡的兴学育才表现都很积极。他们虽然身居异邦，却心系故乡，为发展侨乡的文化教育事业作出了重大的贡献。他们募集资金兴建中小学堂，改善教学条件，解决了侨乡教育经费短缺的问题。他们还努力改善侨乡的办学风气，为侨乡的学风发展及现代教育的发展作出了许多新贡献。

1. 捐资办学的新发展：梅州各县区办学概况

梅县松口中学（魏明枢 摄）

进入民国以后，华侨捐资的数量、形式、项目、范围都要比清末时更大，所起的影响、作用也广泛得多。解放前梅州各县学校多由华侨捐款创立，办学经费大多来源于华侨捐款。不少学校在创办前或开办期间，派出热心教育的归侨、侨眷和地方人士往南洋募捐、筹集学校经费，普遍得到华侨的大力支持。

（1）梅县和梅江区概况。

根据估计，中华人民共和国成立前，梅县80%的中小学校是由华侨捐资兴建或者资助维持的，1908—1940年华侨在梅县捐资办学共达

100 万国币以上。私立东山中学从 1913 年创办至 1947 年的建校费和常年经费，基本是客家华侨捐赠的。松口中学、隆文中学、松源中学、西洋中学、学艺中学、梅兴中学、水白中学、合江中学、梅江中学、南口中学、国光中学以及南华学院等，都是在民国期间由地方人士倡导、华侨捐款陆续创办的。

伍森源

伍佐南

民国初年，海外侨胞萧郁斋、李干庭慷慨解囊，并出面募捐隆文乡启文高等学堂（小学）新校舍建设资金。林森泉、罗耀南、吴本寿等发动旅泰华侨和邻里乡贤资助程江乡培英学校。1912 年建成的溪南公学（1949 年改名松口溪南学校，今梅县松口镇松南中心小学），其资金捐献者，如伍佐

万秋楼（魏明枢　摄）

位于梅县华侨城，梅州旅居马来亚华侨夏万秋建于 1920 年。

南、张榕轩、张耀轩、张济轩、丘允臣、丘汉宾、丘健宾、李稽伯、叶超海、叶仁章伯姆、赖树郎、卜伟民等 12 位，都是著名的客家侨商。泰国侨商"伍氏家族"中的伍森源出资倡办伍氏宏育小学，出资修复松口高等学堂，其子伍佐南（1879—1939）多次捐款修缮松口高等学堂，倡办沪上中华职业学校、溪南公学和宏育小学等。

程江镇旅马来亚华侨夏万秋，捐巨资在扶外村建造了一座宽敞明

亮、环境幽雅、钢筋水泥结构的万秋小学。旅港同胞陈济轩，独资兴建了西山小学。

松口私立国光中学，一次派员募得 20 余万元。1946 年畲江中学增办高中班，因校舍不足，派员到新加坡募捐，新加坡侨领杨溢璘独资捐建二层楼房的校舍一座。

捐款办学的形式还有的是认缴月捐、年捐按期寄给学校，或负责垫偿每学期学校不敷经费等。

丘元荣

丙村镇三堡旅外侨胞集资兴建了丙村图书馆。印尼华侨丘陶荣、叶敬秋与印度华侨吴仁辉等数十位华侨先后捐资兴建了丙村中学"侨光楼"、"燮亭纪念堂"、"仁辉堂"、"敬秋堂"。

1939 年秋，香港南华学院迁至梅县开办。院长钟鲁斋往荷属东印度筹款，丘元荣和胡文虎、杨溢璘、龚子宏、丘公冶、潘敬亭等共捐资百万。杨溢璘认捐常年办学经费 2 万元。1941 年 4 月，南华学院改组校董会，胡文虎为董事长，丘元荣为副董事长。杨溢璘则与钟鲁斋由香港飞抵重庆，与国民政府教育部部长陈立夫商讨改进学校的计划。此外，他还先后捐款兴建梅县东山中学、丙镇中学、华侨中学校舍。

（2）大埔县概况。

大埔中学、大麻中学、虎山中学、百侯中学、石云中学，还有不少的小学，或者由华侨捐资兴建，或者得到过华侨的大力资助。

马来亚的商界巨子杨宜斋（1864—1938），祖籍大埔西河镇北塘村，为"深造小学"设助学金、奖学基金，捐巨款修缮和重建学校，修缮北塘环村大小人行道，乡人称之为"堂梅路"。

杨宜斋祖居（资料片）

1936 年，罗卓英策划创办虎山公学。他特请陈邵丞与蓝晋卿前往星马募集建校经费。不下数月，即募得叻币 3 万余元，折合银元 7 万

余，基本上解决了虎山公学建校舍所需的经费。

20世纪20年代，养正学校学生不断增加，原"紫临围"校舍不敷应用，"养正保姆"陈少芸被校董会委以重任，前往新加坡、马来亚募款建新校舍。侨领陈淑卿、陈文阶各捐叻币2万元为倡导，同乡侨胞踊跃响应，陈少芸共筹得叻币7万余元。新校舍是一座钢筋混凝土结构高三层洋房，建筑面积达2100平方米，由新加坡邑侨陈占梅承建，1933年落成。在抗日战争期间，海外侨胞捐赠收音机、麦克风、教学仪器、体育设施、演剧用具等，并负担学校教师的全部工薪费用，直至1942年太平洋战事发生，日寇侵占了新加坡、马来亚才中断。

1906年，乐群中学因经费枯竭而停办。1910年，蓝雪桥捐资复办。武昌起义后，乐群中学又告解体。1914年8月，乡贤饶光、李景崧、唐伟甫、彭荫芗等再行复办，改名大埔县立中学校。1917年以原乐群中学拆卸的建材，戴芷汀捐赠的3000

大埔中学（魏明枢　摄）

元和其他热心人士的赞助，建造了洋式教室6间、教工宿舍4间，学校渐具规模。1924年，廖登初校长往南洋募捐得3000余元，筑西校舍12间。1933年9月，戴毅校长往南洋募捐，得款建高中教室8间。1938年6月，经省教育厅批准设高中普通科。1940年2月，周茂开接任校长后两次到南洋募款，以增建校舍。周茂开南渡后，饶沙鸥接任校长，以周所募集之款，将文昌祠旧址楼下改建为浴室，楼上筑膳堂。

百侯中学前身是联益中学，由杨德昭等创办于1923年，因经费困难，仅办了一个学期。此后，为创办百侯中学，杨德昭等人到南洋、上海等地募捐，得到杨虎臣、杨富臣、杨昭臣诸乡贤的资金赞助，在古榕树下新建校舍。1925年改名为百侯中学，1933年新校落成。

1946年春，侯南杨作龙接任百侯小学校长。学校原以祠堂作校舍，随着学生人数的不断增加，校舍已不敷应用。杨作龙于1948年出国筹募建校款项，共募得港币约13万元。

赖德阶（1901—1976），大埔县长治石田村人。1945 年，他与赖克新倡建埔北中学，成立埔北中学建校委员会。1947 年 10 月 4 日，赖德阶独身一人远赴马来亚、新加坡及暹罗等地募款。10 月 23 日，大埔侨领邓文光假座茶阳励志社，与赖德阶等商讨开展募款事宜，旋即成立了星洲募捐委员会，推举陈雪桥等 25 人为委员，邓文光为主任委员。赖德阶在南洋历时 6 个月，足迹遍及马来半岛的柔佛、古来、马六甲、吉隆坡、东万律、槟城、怡保等大中城市。他在暹罗 17 天，在当地侨领游桂章、沈杏华、张熙达的协助下，共募暹币 1 万余铢。在南洋，赖德阶所到之处，均得到当地侨领的热诚欢迎款待，共募得星币 5 万余元，解决了校舍初期建设经费问题，1948 年如期建成两座工字型大校舍。

中共早期革命活动家罗明等，于 1947 年在大埔县枫朗镇创办石云中学。1946 年，经中共党组织同意，罗明到南洋宣传中国解放战争形势，同时积极募捐石云中学创建经费，以解决当地儿童读中学难的问题。

为了纪念孙中山 1918 年抵临三河城，新加坡华侨徐统雄倡建三河中山纪念堂。中山纪念堂位于大埔县三河镇汇城村，建于 1929 年，是全国最早建成的中山纪念堂。30 年代，徐回国定居，出任广东东路公路处兼韩江沿河处处长、潮梅财政视察员等职。在职期间，他筹资倡办了三河中学、乡立公学。

大埔县三河镇中山纪念堂（魏明枢 摄）

（3）平远县概况。

姚德胜独立承担了平远中学和芝兰小学建校之初的全部校舍、设备。1913 年至 1915 年，他先后捐献 10 万银元，在大柘乡羊子甸兴建平远中学新校舍，购置校产，总建筑面积万余平方米。

姚德胜

余科义

坝头西片竹园下华侨余科义（1884—1964），名发钦，字兆明，在南洋做苦力18年，后在勿里洞经营金银业致富。他致富不忘故乡，特别重视教育。1927年，他捐助创化小学大洋300元，1929年捐建"景贤公学"和"兆明教室"。他在南洋为平远各中学募款15000银元，为平远中学、石正中学等学校捐资1000银元之多。余科义还资助儿孙、侄辈17人升读中学以上学校，其中5人大学毕业。

1935年，热柘三乡公学校长黄挽澜，发动谢永义、刘德义、刘懋汉、刘德清、黄新庆、曹锡三、钟鼎祥、曹文运、黄天发、丘运福等几十名华侨，捐资改建柚树圩"三乡公学"（现热柘华侨中学的前身）的教学大楼，并增添设备。

（4）丰顺县概况。

1922年，詹采卿倡建金汤学校，后改为金镇学校。1925年，丰顺华侨集资4000多银元，在丰良中学（丰顺一中）修建了一座教学楼，命名为暹罗楼（暹侨堂）。1931年建汤坑中学新校舍，林仓亭等捐助2000多银元作办学经费和购置设备。暹罗丰顺会馆创始人之一余作舟乐于乡梓的教育事业，曾于1922年倡建金汤小学，捐资500银元。1931年汤

詹采卿

坑中学新建校舍，捐助1000银元建余作舟教室一间。1931年，汤坑初级中学校长张国钧到暹罗募捐，筹建汤坑中学。1931年秋，由华侨捐资兴建的汤坑中学教学大楼落成，国民党元老于右任亲书"汤坑中学"四字。

（5）五华县概况。

五华侨商李桂和热心家乡教育，鼎力赞助家乡文教慈善事业。他捐巨款在其原籍黄埔村兴建新校舍，兴建黄埔登龙大桥。1935年，李桂和从马来亚回到家乡，在五华一中（今五华中学）捐资建"桂和楼"两座，共800多平方米（两层共1600多平方米），在河口二中兴建一座900多平方米的"桂和科学馆"，在县立第三中学（今安流中学）兴建一座400平方米的"桂和宿舍"。

李桂和

钟韶光祖居储才里舍及博士第（资料片）

旅印尼华侨李岳屏（号尚贤）捐助县立一中建岳屏楼、二中建岳屏教室、振兴中学（今水寨中学）建群贤堂和尚贤堂，还资助大布小学和水寨浮桥建设。

华城铁炉坝归侨钟韶光捐资兴建了五华一中宿舍一座（韶光楼），并捐建五华乐育中学、梅县乐育中学宿舍。

（6）兴宁概况。

民国期间，兴宁县的宁南（今泥陂）中学、宁西（今叶塘）中学、兴宁二中（今罗岗中学）、宁东（今石马）中学以及叶塘、泥陂等地的小学都接受过侨商捐资，或建校舍，或添置设备。1926年，陈仁楷将当时自己要做房屋用的一批木材及两船石灰，全部捐赠给本乡冀新（今新同）小学建校舍。

（7）蕉岭概况。

资助发展家乡文化教育事业，是蕉岭侨胞的传统。据不完全统计，中华人民共和国成立前，蕉岭县共有20多所学校接受过华侨资助，主要由学校派人出洋劝募或华侨回乡自愿捐献。

以上所列，挂一漏万，却可窥见客家侨商兴学重教之热情，体现了客家侨商对于新学教育的突出贡献。客家侨商捐资办学和捐资助学，意义深远。它使侨乡办学经费大量增长，解决了侨乡教育经费短

缺的问题，使侨乡教育经费有了比较可靠而长远的保证，使现代学校教育得以普及，学校教学得以维持，并得以增购设备、扩建校舍、改善教学条件。

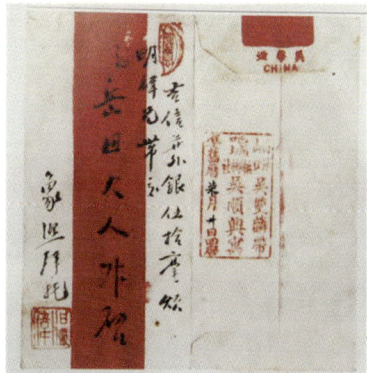

客家华侨的侨批（资料片）

林风眠故居敦裕居（魏明枢　摄）

华侨对于客家文教事业的贡献，许多时候，目光会聚焦于一些华侨巨商豪富的大笔捐款。事实上，即使是一般华侨，当乡贤募捐建校时也无不积极响应。正是由于大量华侨的存在、大量侨汇的收入，确保了客家许多少年儿童不至于失学，可以接受良好的现代教育。相对全国其他地区，侨乡受教育的人数更多，文化教育事业比较发达，这与华侨、归侨和侨眷的全力赞助不无关系。著名画家林风眠就是在接受华侨经济支持的情况下完成学业的。侨资的任务不仅是赡家、买田造屋、修葺祖宗庐墓，更是供家中小孩上学读书。

2. 民国时期的客家侨商与学校新学风

资金赞助，这是客家侨商对学校教育最普遍的支持；积极引入和扶持新学，引导侨乡新学风，这是客家侨商及其子弟大力发展民族教育的重要实践。华侨热心故乡教育，普遍地、多方面地参与，有钱出钱，有力出力。贡献有大小，心愿却是一致的，都是为了侨乡教育的发展。

民国初年，梁伯聪在《梅县风土二百咏》

梁伯聪

133

中记述了东中建校的历程："四校熔成一校全，改为省立又嚣然。东山从此分校去，开国刚将第二年。"东中的分立，自始便得到了侨商的鼎力支持。1912年冬，广东省教育司决定将嘉属官立中学、务本中学、东山师范、梅东中学四校合并为省立梅州中学，将当时维持中学经费的地方税改为省税。这尽管遭到了地方贤达和学校师生及华侨的坚决反对，省教育司仍坚持合校。1913年3月中旬，在叶子彬、丘燮亭、陈镜秋、谢逸桥等侨领的支持下，校长叶则愚，教员叶菊年、邓少楼等率领叶剑英等约200名学生，另创"梅县私立中学校"，4月1日开学，暑期迁至"东山书院"，遂定名为"梅县私立东山中学校"。

丘燮亭

1913年，丘燮亭再捐近万银元资助东山中学兴建校舍。1927年夏，东山中学遭封闭，他在海外成立了南洋华侨援助东山中学委员会给予声援。1929年，东中校长卢辉荪出洋募捐，被人诬陷入狱，他鼎力相救，并助其募得大洋1.4万元。1957年，东山中学44周年校庆，丘燮亭在题词时还特意提到"海外侨胞的帮助"。

东山中学从1913年至1949年的建校费用和常年经费，基本上都是华侨慷慨捐赠。20年代，爪哇华侨合捐5000银元建西新楼宿舍一座。华侨丘燮亭、陈镜秋、黄绍庭、叶子彬、龚松三、吴宝宁、丘伯修等和本邑黄任寰、廖弼良夫人、刘志陆等人捐款1万多银元。1926年春，侨生已达170多人，占全校学生的1/4。1928年秋，"东山中学华侨同学会"成立。

30年代至40年代后期，东中校舍建设因得到了侨商的大力支持而有较大发展。丘燮亭等兴建了挹和楼，丘星祥、李省耕等合建了校友会会所，仰光华侨龚松三、林公干和美洲华侨胡秀珊等以及本邑廖弼良夫人合建了旭升楼，熊幼霖、卢耕甫、龚子宏、丘星祥等合建了"廿周年纪念堂"和大礼堂，南非华侨陈南康独资兴建了"南康图书馆"，华侨捐建了"卅周年纪念楼"，刘宜应、刘家琪等合建了科学馆、松山堂、第二学生宿舍等。此外，还有丘陶荣、丘佐荣、廖远娥等捐助巨款。

1924年秋，广益中学发生爱国反帝学潮，华侨的捐款使广益学潮

得以胜利，学艺中学由此诞生，被周恩来总理誉为"东江第一革命学校"。后来，校董叶维轩出洋募捐 3 万余银元，在东较场背营建起新校舍。

梅县广益中学（资料片）

3. 重视文体和引导体育运动

球王李惠堂

五华水寨球王雕像

　　在兴学育才的实践中，客家侨商引入了体育教育，在侨乡形成了重视体育的传统。18、19 世纪，英、法、荷等国殖民地驻军将足球运动传入东南亚，受其影响，华侨将足球带回故乡，或者作为回国时给小孩的"等路"（外出者带给亲友的礼品）。足球运动由此在客家地区展开。19 世纪末，在西方传教士和华侨的带动下，梅州各地已形成了较浓厚的踢足球风气。

"看戏要看梅兰芳，看球要看李惠堂。"李惠堂，字光梁，号鲁卫，1905 年出生于香港，祖籍广东省五华县。其父李浩如，系香港著名的石业大亨，1892 年便在五华县锡坑老楼村建了联庆楼。李惠堂 4 岁时回故乡居住，将家门口的狗洞作为球门，练习足球。后来回到香港接受了系统的足球训练。1922年，李惠堂加入香港足球劲旅南华队，逐渐崭露头角，被誉为"亚洲球王"。"万人声里叫球王，碧眼紫髯也颂扬。"可见其当年风华之盛。

李浩如

李惠堂故居联庆楼（魏明枢　摄）

位于五华县横陂镇锡坑老楼村，建于光绪十八年（1892），三进四合院布局，左右各一横屋，四角分置四层炮楼，建筑面积约 3590 平方米，总占地面积约 4400 平方米。

民国初年，在东山中学英文教员、南洋归侨卢柏廷的积极提倡和训练下，东山中学足球队称雄一时。梅州中学先后聘请南洋归侨余克辉等为体育教员，集中精力训练足球队。

强民体育会拜见李惠堂（资料片）

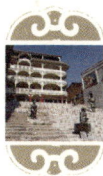

1931 年，印尼归侨温集祥参加梅县强民足球队，并被选为队长。1934 年，强民足球队扩大为强民体育会，温集祥当选为会长，李玉桂等侨眷 3 人是副会长。梅县强民足球队战功显赫，这与足球骨干中归侨、侨眷的作为分不开。梅县强民体育会从成立到发展以及复会，一直都得到了侨商们的大力扶持。

抗战胜利后，梅县成立振兴体育事业的筹募委员会。侨界名人刘家琪、刘宜应、李恩绅、徐育梅、李友三、刘羡华、刘桃元等大力支持修建梅县体育馆。1948 年，香港巨商丘陶荣、丘佐荣兄弟捐献 1 万美元，作为建筑梅县体育馆前楼经费，这是当地第一次为体育事业一举捐赠的巨款。随后，印尼华侨刘家琪、刘宜应等又筹募港币 1 万元作为强民体育会的基金。

1936 年，丰顺暹罗归侨蔡演雄被选为中国体育代表团篮球队主力，参加在德国柏林举行的第十一届奥林匹克运动会。

温集祥

刘家琪

刚落成的梅江桥（资料片）

　　除了教育外，华侨还积极参与侨乡的其他许多公益事业，是发展侨乡公益事业的基本力量。比如，修桥铺路，这在侨乡随处可见。中华人民共和国成立前，横跨梅江的三座钢筋混凝土大桥（梅江桥、锦江桥与梅东桥）都是在侨商们的鼎力支持下建成的。

　　梅江桥建成于民国二十三年（1934）春，是连接梅城南北的主要桥梁，原桥长278.5米，宽6.65米，有13孔，为连拱弧形钢筋水泥大桥。华侨认捐了大量建桥资金：侯广夫人在南洋募得1.2万多元，潘植我捐助1.5万元。在爪哇巴城，燕络英剧社举行义演，将所得大洋2100元全

梅江桥（魏明枢　摄）

部捐给筹备组。南洋华侨在南洋发行3期彩票，除颁奖以外实得大洋21223元，全部捐于建桥。

锦江桥（魏明枢　摄）

梅东桥（魏明枢　摄）

锦江桥，被梅县丙村人视为母亲桥、连心桥。建于民国二十三年（1934），由乡贤谢旭南等5人及旅外侨商丘元荣、丘佐荣和丘陶荣兄弟3人共组董事会集资建造，至1938年，已建成11个桥墩，后因抗战而停建。抗战胜利后，1945年秋由丘元荣兄弟3人捐资续建，1948年始建成通车。桥共11墩、12孔，长275.5米，宽6.2米。建成时征联第一名的张

丘元荣

丹九撰联："锦水绚虹腰，百丈桥车马纵横，尘梦飞驰南北路；江村留雪爪，千万贯金钱慷慨，义声常绕短长亭。"

　　梅东桥，位于梅县区松口镇，1937年动工兴建，1950年竣工。建桥资金由华侨捐助。桥连接松口南北，在桥栏上可看到松口镇沿河店铺和沿江两岸风光，是松口老八景之一。

七　客家侨商与中国梦

　　客家侨商的兴起与发展是重要的历史现象，他们是世界历史上的一个重要群体。他们创出了巨大的业绩，在世界各地创造了巨大的财产，为世界历史的发展作出了巨大的贡献。在不同的历史时期里，他们与中国的联系各不相同，其历史形象也各不相同，但他们在中华民族寻梦、追梦、圆梦的奋斗历程中都作出了独特贡献。在长期的历史发展中，他们形成了自己的优良传统，这就是他们的创业品质。中华人民共和国成立后，世界各地的客家侨商继续创业，不断发展，成为中国与世界联系的桥梁。在新的历史时期里，中国已经提出了"一带一路"发展战略，客家侨商正面临着巨大的时代机遇。展望未来，客家侨商必将会有更加美好的未来。

（一）客家侨商的历史形象

　　奸民—难民—商民—公民—富商，这是华侨身份与形象发展的基本框架。在封建政府的海禁政策中，华侨总是被视为"自弃家园"、背弃中国，他们既得不到中国政府的保护，又在海外寄人篱下，成为在海外流浪的盲流、"孤儿"，即所谓的"海外孤儿"。在列强的逼迫与引诱下，华侨出国做工以谋生逐渐得到了官方的认可，清政府对于华侨逐渐从原先的"奸民"、"莠民"等贬义理念中走出来，华侨形象也从原先的"弃民"转变为"难民"，"苦力"成为其代名词。就在这种历史背景下，客家华侨逐渐向世界各地拓展，

成为世界性的民系。

传说跟随文天祥勤王的以松口卓谋为代表的客家子弟，在抗元失败后漂洋过番去，成为最初的客家华侨。明朝嘉靖年间，客家地区爆发了以张琏为首的抗击官府的斗争，许多参与者后来也出海过番去了，相传张琏还"列肆为番舶长"，成为有名的侨商首领。客家侨商的信史则要从乾隆年间的罗芳伯开始，他在南洋建立了庞大的商业帝国，并且传承了几代人，产生了极广泛而深远的影响。谢清高，一名并不成功的小商人，晚年甚至盲居于澳门，艰难度日，记录其世界阅历的《海录》却代表了当时中国对世界认识的最高水平。然而，无论是传说中的卓谋、张琏，还是信史中的罗芳伯和谢清高，都不会被"天朝上国"的正统思想所容纳，都属于"奸民"、"莠民"的行列。

鸦片战争后，中国海禁大开。与此同时，更多的客家人因在家乡找不到出路而成为"富余劳力"。虽然，他们都知道，"过到番邦更加难"，却仍然怀揣着"金山客"的梦想，毅然远涉重洋，出国务工以谋生存。他们在远离故乡的陌生地域艰苦打拼，努力付出，只为有一个可以安身立命的地方。他们热爱自己的同胞，也与当地土著和谐相处，逐渐形成了一块块"客家飞地"，形成了一个个海外客家社会。逐渐地，正如晚清著名学者温仲和等人所说，南洋侨居国已经被视为客家华侨的"外府"（即第二故乡）。这样，在侨乡和南洋之间便形成了一条相对稳定的联络通道，其联系人被称为"水客"。梁伯聪有诗咏曰："一年大小两三帮，水客往还走海忙。利便侨民兼益己，运输财币返家乡。"又说："往南洋营生人多，遂有一班来往代递信及赍财者，名曰'水客'，不下数十百人。年节定期返乡，曰大帮，余不定期曰小帮。业此致富者，殊不乏人。"

就在南洋殖民地开发的历史背景下，客家商帮也开始站上历史舞台。一批客家人经过艰辛打拼，逐渐摆脱贫穷而富裕起来，涌现出一批取得杰出成就的富商，叶亚来、郑嗣文、张弼士、张榕轩、张耀轩和姚德胜等，都是其中杰出的代表。他们以过人的智慧和艰苦的劳动，在南洋获得了巨大的财

韩江源客家母亲雕塑
（魏明枢 摄）

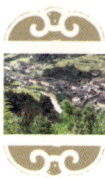

富，受到了南洋殖民政府及当地百姓的认可。

在海禁大开的历史背景下，清政府开始实施设领护侨政策，华侨被纳入中国政府的管辖范畴。以张弼士为代表的客家侨商，以更加强烈的民族国家主义情感，积极主动介入清政府的外交和华侨事务。他们积极关心华侨事务，积极参与到清政府的外交和内政中，进而借助清政府的国家权威保护华侨权益，从中树立了侨领的威望。与此同时，华侨在国外的艰辛和不幸也逐渐被发觉而受到重视，并得到了一些洋务官员的同情。1893 年，清政府明确废除海禁政策，华侨正式取得了中国公民的法律身份。

随着对华侨的深入理解，华侨的经济能力也逐渐被清政府认知和利用。甲午战争后，华侨的经济能力在苦难的中国受到了特别的推崇，逐渐发展为积极引进侨商资本以发展国内实业的经济政策。华侨的财富也被不断地放大，以致他们都"变成"了富商，"番客"成为"富商"的代名词，"金山客"成了华侨的代名词，受到了无比的推崇。就在这种背景下，较早与清政府洋务派建立良好关系的客家侨商，积极响应清政府的号召，大力投资国内的经济建设，在晚清近代实业建设中树立了良好的形象，产生了积极的影响，在中国逐渐奠定了客家商帮的地位。

随着华侨与故乡联系的增多，华侨在国内的地位和威望不断提高，影响愈来愈突出，在侨乡逐渐形成了浓厚的过番文化和侨商文化，华侨成为客家社会历史进步的重要推动力。他们大力支持侨乡的社会发展，热心捐资办学、捐款赈灾，侨乡面貌为之一新，新学兴盛，人文发达。他们还积极回国投资，侨资在客家侨乡曾经盛极一时，为中国的经济、政治、社会和文化教育的发展作出了巨大的贡献。辛亥革命后，华侨成为革命之母，受到了民国历届政府的高度重视。

清政府长期坚持天朝上国的朝贡体系，许多人因此将此时的中国视为一种文明体（文明国家）。由于欧美的强势，中国被迫融入到欧洲文明和文化体系之中，开始从天朝上国降为一个普通的民族国家，不仅难于继续成为"上国"，甚至难以得到列强的平等相待。华侨是中国最早接受并融入以欧洲为中心的世界历史发展的一批人，侨洋结合的客家华侨建筑便是华侨沟通侨乡与西方世界的典型体现。

民国时期，客家侨商取得了更大的成就，他们与中国政府的关系

更加紧密了，他们积极回国投资，但由于处在动荡的战争年代，他们在中国的投资大多未能获得较好的收益，甚至遭遇打劫而家道衰落。但是，客家侨商并未退缩，他们的家国情怀却更加热烈，他们在侨乡做了大量的公益慈善事业，成为侨乡社会发展最重要的推动力量之一。他们捐资办学，引导侨乡办学新风；他们修桥铺路，引导侨乡社会新风。他们也成为侨乡人们心中的"金山客"，看到他们就好像是看到了希望。民国客家侨商继承晚清先贤们的革命热情，为中国的抗日战争贡献了重要的力量。

（二）客家侨商的创业品质

罗芳伯、吴元盛、叶亚来、张弼士、张煜南、张鸿南、姚德胜、胡文虎以及谢枢泗等著名侨商都是开辟南洋新埠头的英雄，是赫赫有名的客家侨领、侨商，他们吃尽了苦头，最终取得了极大的成功。然而，他们却是千千万万客家华侨中涌现出来的典型，是从许许多多默默无闻的客家华侨中走出来的代表，是客家华侨过番谋生的缩影，他们的成就也是客家华侨艰难创业的缩影。从他们的人生路，可以感受到客家侨商的许多特征。

第一，他们有文化、有胆识、有才能，又懂武术，身体壮实，这是他们的个人素养，却是客家人崇文重教的体现。一般来说，取得成功的客家侨商都有较好的旧学底子。张弼士熟读《史记》，《货殖列传》是其经济观的重要来源，成为他创业的思

广东省嘉应学院（魏明枢　摄）

想基础。张煜南编撰《海国公余辑录》和《梅水诗话》，这是其文化表现力的标志。正由于文化修养高，他们才能够更好地发现问题，找到解决问题的途径，寻找到更加合适的创业途径。张弼士西河光禄第的门联为："光昭百代，禄食万钟"；"立修斋志，读圣贤书"；"养胸中正气，学天下好人"。所有这些都是客家侨商崇文的典型体现。

第二，他们既善于团结侨胞，招徕并善待、关心南来谋生的乡亲，又能很好地与当地土著合作，获得殖民政府和当地统治者的支持。他们从来都是遵规守法，尊重当地民情风俗；他们总是与人为善，和睦相处，有着强烈的同胞、同乡情谊，能够患难相扶。日久他乡成故乡，客家人从来不排斥在异国他乡的生活，落地就能生根，总会以侨居地作为自己的家园，并且精心呵护和打理。

留尼旺路及其碑记（魏明枢　摄）
梅县白宫墟的街道多由华侨捐资修建。

第三，客家华侨的开放与怀旧是统一的，他们虽然远在海外生活，却都保持着客家文化和习俗，不忘"阿姆话"，至今在世界各地许多地方客家华侨仍然以客家方言为其母语。与此同时，他们也能够接受当地文化、习俗和语言，充分融入当地的社会和经济发展。他们将客家文化传播到世界各地，同时又将世界各地的文化传回中国，传回故土。与此同时，他们总是不忘故土，怀抱回馈之心。每当故土有需要的时候，他们总是最能出力者。梁伯聪有诗记述："芜湖米运又暹罗，轮转香江日日过，通力合筹良善策，青黄不接救荒多。"他说："梅县山多田少，粮食不够，每年四五月青黄不接时候，常闹饥荒，来向上游五华等处，汕头海运，载米接济。虽有义仓，而所储无多米。商嗜利，时以米市缺乏，高抬其价，中下户苦之。清末港商潘祥初等邀集海内外资本家，认定份数，由芜湖、暹罗买米，源源轮转来梅，至六月早禾割时止，来米不缺，奸商遂不能居奇。事后全部统

松口官坪学校礼堂（魏明枢　摄）

计，缴若干，蚀若干，平均与各人认份分派，出者有限，受惠贫民无穷。为救荒至善之策。《嘉应州志》曾详述之。"华侨们都有着纯朴的故土情怀。这是客家人的传统，梁伯聪有诗记述："任恤之风久既消，

亲亲谁复解囊腰，明伦不惜金互助，古谊犹存海外侨。"他解释说："往南洋营生者，每有银汇寄家，对于亲属宗支姻戚有关系者，必有分赠，视亲疏而别厚薄，犹有古人任恤之义。"

邦加和勿里洞岛是印尼最著名的两个锡岛。1750年以后，世界市场对锡的需求日增，大量华人（主要是客家人）到邦加与勿里洞岛开采锡矿。1930年邦加华人占该岛总人口的47%。

第四，客家侨商大多从事采矿业，多以矿业发财致富。从罗芳伯的兰芳公司，到晚清时期的客家侨商，他们大多以赤贫出国，然后开"亚弄（零售）店"，经过勤俭节约的资金积累，逐渐转入采矿业，最后又发展为多种经营。黄遵宪说："州为山国，土瘠产薄。海道既通，趋南洋谋生者，凡岁以万计，多业采锡……总计南洋华商，客人居十之三。"在客家人开矿的进程中，矿场周边便逐渐发展为大都市。在一个个荒山野岭中采矿，并将之发展为适合居住的都市，是客家侨商开埠的典型路径。梁伯聪在《梅县风土二百咏》中记述："宝山得入弃耕锄，户户家家有蓄储，不惜海天飘泊去，南洋群岛作尾闾。"他解释说："梅县十家而九往南洋营生，大北呖开场矿，致巨富者亟多。"

客家人开埠，是对客家苦难历史的概括表述。客家人一路走来，历尽了千辛万苦，筚路蓝缕，开拓进取，勇往直前。他们就像一粒粒旺盛的种子，既能经住荒野零落，亦能经霜揸雪，经风一吹，无论吹到哪，只要落地便能发芽、生根、成长。由于故国家园的无奈和困顿，客家华侨只能背井离乡，漂洋过海，到异国他乡去谋取一日三餐。许多人赞赏客家人适应环境的生存和发展能力，赞赏其坚韧无畏的创业精神。其实，与其强调他们适应性强，不如强调他们的无奈。但他们保持着客家人的精神和性格，弘扬客家文化，使客家成为世界的客家，使世界历史增添了大量的客家特色。

客家人开埠，是对客家华侨突出贡献的概括表述。客家华侨系一条裤带外出谋生，凭其聪明才智和坚强意志，开辟了属于自己的一片天地。他们胼手胝足，披荆斩棘，以勤劳的双手，将莽莽荒原耕成富

庶沃土，将荒僻岛屿开辟成种植园，将荒山野岭转变成采矿场，将穷乡僻港发展为新兴的大都市。他们开垦荒地、修建铁路、创办企业，到处都起着"开荒牛"的作用，极大地促进了当地的经济、文化和社会的发展，同时也获得了侨居地人民的尊重。

与时俱进是客家侨商最基本的创业品质，在农耕时代，他们便以其最大的勇气与努力，走向世界，成为走在时代前列的中国人。与此同时，他们有着强烈的家国情怀，总是将个人的前途命运与国家和民族利益紧密相连，这就使他们能够转型发展，从传统走向近代，能够更好地走向工业时代，在中国的近代实业建设中崛起，成为近代中国最重要的商业群体之一。

（三）客家侨商在当代中国和世界的历史机遇

中华人民共和国建立后，许多客家侨商抱着强烈的爱国热情，为中国的现代化建设贡献自己的力量。但是，因为"文革"等"左倾"思想的影响，直到改革开放，客家侨商才在中国重新活跃，成为影响侨乡及全中国的重要力量。

人造革大王田家炳　　　　领带大王曾宪梓　　　　泰国石油巨子丁家骏

印尼大马首富郭鹤年　　　　钢铁大王何侨生　　　　国货大王余国春

客家侨商至今仍然是影响中国和世界的重要力量，是中国侨商的重要组成部分。以曾宪梓、田家炳等为代表的客家侨商，仍然是中国商海中非常活跃的代表性人物，在当代中国经济发展和社会事务中都具有强烈的影响力和号召力。

如今，客家侨商可以列出长长的响亮的名字：人造革大王田家炳、领带大王曾宪梓、泰国石油巨子丁家骏、印尼大马首富郭鹤年、东南亚钢铁大王何侨生、香港裕华国产百货有限公司董事长余国春……与此同时，也诞生了一个个响当当的企业和品牌："金利来"、"裕华国货"……还有一批耳熟能详的广告词："金利来，男人的世界"……另外，还有一批响亮的慈善口号："中国的希望在教育"、"一切为了孩子"……

2010年11月11日，田家炳先生为受邀参与"田家炳内地学者及高级行政人员交流计划"的内地学者签名赠书、照相留念

值得指出的是，在改革开放的时代，客家继承和发扬开放精神，大力招商引资，客家热土上也引来了大批外地商人，如著名的徽商、潮商、浙商，以及赣商等等，都已经在梅州设立商会，他们正在成为新一代更加广泛意义上的"客商"，成为侨居客家的商人。一批批大项目在梅州甚至整个客家地区涌现，他们在梅州致富，也以热烈的情感爱着这一片热土，回馈着客家父老乡亲。侨乡的各种建设都凝聚着客家侨商的热心和付出，比如，他们继承了前辈们修桥铺路的传统，为侨乡的社会发展作出了巨大的贡献。

中国改革开放，为客家侨商的创业提供了优越的时代背景。据统

广东梅州雁鸣湖旅游度假村（魏明枢 摄）

由旅港实业家、广东华银集团公司董事长、梅州市荣誉市民陈彩银投资 3 亿多元兴建，占地一万多亩。

计，从 1978 年到 2005 年，中国累计引入外资约 6224 亿美元，其中海外侨胞占主导，约占 67%；中国一共批准设立 55 万家外资企业，其中 70% 为华资企业，可见侨商在中国改革开放中的重要地位。改革开放之初，"番客"们在侨乡的影响依然深刻。随着改革开放的深入，中国的经济和社会发生了翻天覆地的变化，祖国日益繁荣富强，这巨大的发展，也导致许多"番客"不再气派。"'番客'们的风光不再，折射出我们国家日新月异、今非昔比的伟大变迁的同时，也衬出了我们作为炎黄子孙的自豪感！"他们曾经的奉献和努力，他们心里潜藏的热爱乡梓和叶落归根的血脉情怀，永远谱写在侨乡和中国的发展史上。

侨乡人民也不会忘记客家侨商热心桑梓的贡献和情谊。从 1992 年到 2008 年，作为"世界客都"的梅州市，先后分五批对 193 位在梅州市捐资金额达 300 万元以上、投资 100 万美元以上的海外侨胞、港澳台同胞授予"梅州市荣誉市民"称号。2009 年 10 月 12 日，梅州市委、市政府又隆重举行梅州市第六批荣誉市民授荣大会，至此，梅州市荣誉市民增至 244 人。据不完全统计，从改革开放至 2009 年，包括六批荣誉市民在内的梅州海内外乡亲共为梅州经济社会发展捐资达 30 亿元人民币，为梅州的经济发展、社会进步作出了卓越的贡献。这些荣誉市民大多是在港澳台及海外地区取得了杰出成就的客家侨商，比如，梅州市第六批荣誉市民包括印尼梅州会馆会长李世镰，香港大华国际集团有限公司董事长何中华，丹斯里拿督、马来西亚华联集团董事长郑金炎，印尼章长盛集团公司董事长、印尼客属联谊总会永远资深名誉主席章生辉等。

梅州市第六批荣誉市民授荣大会现场（肖根平、古礼贤　摄）

如今，客家侨商早已融入客商、粤商和华商的大群体之中，尽管他们仍然有着很突出的群体特征。为加强世界各地客商及商会之间的联系、交流和合作，推介梅州的经济社会发展情况及其投资环境，研讨客商文化，开展经贸合作，实现客家地区和客商的新崛起，2009 年，梅州市委、市政府联合 74 个全球最知名的客属团体商会和84 名最具影响力的客商，发起举办世界客商大会的倡议，同年 10 月13 日，首届世界客商大会在"世界客都"梅州召开。大会每两年在梅州举办一次，至今已经举办了三届。大会还举办招商引资项目签约、客商名优产品展销会、客商投资成果展、世界客商论坛等活动，已经成为世界客商交流互鉴的重要平台，成为展示客商风采的重要平台，成为世界客商共谋合作发展的盛会，影响越来越大。另外，世界客商大会出版了《世界客商》杂志，《梅州侨乡月报》则改版为《客商》。世界客商大会成为包括客家侨商在内的世界客商的重要组织。

目前，客家民系在广东省已有 3900 多万人，占全省人口将近1/3，在全球已经发展到 1.3 亿人。为加强全国乃至全球客商之间的交流与合作，更好地凝聚客家人的智慧和力量，传承客家精神，展示客商风采，加快客商发展，2011 年 11 月 19 日，来自广州、深圳、韶关、河源、梅州、惠州、东莞、清远等南粤 8 市和福建、台湾等地客属企业

家共同创立了广东省客家商会，这是自愿组成的联合性、非营利性、具有独立法人资格的社会团体。办会宗旨是"以法建会，以德立会，以责长会，以利兴会"，其办会方针是"崇商论道，联谊合作，共谋发展，世代传承"，核心理念是"传客家先进文化，承先贤诚信之道，历经政不违良俗，扬社会更多正气"。广东省客家商会成为世界客商的又一重要发展平台。目前，已有会员企业1000余家，会员企业资产总额超过5000亿元。

当前，中国侨商组织主要有中国侨商投资企业协会（China Overseas Chinese Entrepreneurs Association，COCEA）和中国侨商联合会（China Federation of Overseas Chinese Entrepreneurs，CFOCE）。中国侨商投资企业协会于2008年1月16日在北京成立，是联系和服务侨商的重要桥梁和纽带，秉持"联谊、服务、合作、发展"的宗旨。中国侨商联合会于2003年8月成立，2008年3月经国务院批准注册登记，是由在中国境内投资创业的归侨侨眷、华侨华人、港澳人士、留学归国人员及其企事业单位，各级侨联主管的侨商组织、留学归国人员社团、侨联自办企业和侨属企业等自愿组成的全国性非营利性社会团体。另外，各省亦有侨商投资企业协会。

广东省是全国侨资企业最多的省份。广东省侨商投资企业协会（简称"广东省侨商会"）成立于2007年7月20日，出版商会会刊《广东侨商》，广东侨鑫集团董事长周泽荣为广东省侨商会首届会长，首批团体会员共有386家，主要分布在全省各市的家电、电子、法律咨询及物流等现代服务业。

广东省侨商会会徽

广东省侨商会是由海外华侨华人、港澳同胞和归侨侨眷在广东省内投资或总部设于广东省内的侨资企业单位自愿组成的非营利性的联合性

岭南文化书系

客家侨商

150

社会团体，是专门服务于侨资企业的民间组织，是政府和企业之间的重要桥梁。其宗旨是"服务会员、反映诉求、促进沟通、倡导回馈社会"。侨商会是"侨商之家"，在凝聚侨商力量，促进侨企发展中发挥着引领、桥梁和服务的作用。

中国国家领导人历来重视侨商力量，他们接见中国侨商会代表时，对侨商提出了很高的期望。2008年1月17日，温家宝寄语侨商：预祝取得"两个成功"。2011年7月13日，习近平寄语广大侨商"四点希望"。2013年9月25日，习近平主席在《致第十二届世界华商大会的贺信》中说："中国改革开放事业取得伟大成就，广大华侨华人功不可没。"并勉励侨商"长风破浪会有时，直挂云帆济沧海"。2014年6月27日，中共中央政治局常委、全国政协主席俞正声强调，侨商是中国建设和发展的一支重要力量，在中国革命、建设、改革的各个历史时期，都作出了不可替代的重要贡献。

中国的发展已经进入一个新的历史阶段，这给包括客家侨商在内的广大侨胞提供了更加难得的机遇和更加广阔的舞台。2013年10月，习近平主席访问东盟国家时提出了建设21世纪海上丝绸之路的伟大战略构想；2014年3月5日，李克强总理在政府工作报告中提出，要抓紧规划建设"丝绸之路经济带"和"21世纪海上丝绸之路"（简称"一带一路"）。基于这些国家战略构想，古老的海上丝绸之路上的重要城市和地区都提出了各自的远景规划，比如，福建提出要打造为"21世纪海上丝绸之路"的重要枢纽，广东和广西都提出要打造为"21世纪海上丝绸之路"的重要门户。位于韩江出海口的汕头市则设立了华侨经济文化合作试验区，这是承担"21世纪海上丝绸之路"建设重任的国家级改革创新平台，是华侨资源对接国家战略的重要平台。汕头历来是粤东、赣东南、闽西南客家人走向海洋的重要出海门户，乘此东风，客家侨商必将取得更大的成就。

风和日丽，天高海阔，客家侨商正准备着新的远航。

参考文献

1. 邝国祥：《槟城散记》，新加坡：星洲世界书局有限公司 1957 年版。

2. 戴裔煊：《明代嘉隆间的倭寇海盗与中国资本主义的萌芽》，北京：中国社会科学出版社 1982 年版。

3. 中国社会科学院历史研究所编：《古代中越关系史资料选编》，北京：中国社会科学出版社 1982 年版。

4. 赵翼：《檐曝杂记》（卷四），北京：中华书局 1982 年版。

5. 赵靖、易梦虹主编：《中国近代经济思想资料选辑》（上），北京：中华书局 1982 年版。

6. 罗香林：《客家源流考》，广东省兴宁县政协文史委员会编：《兴宁文史——罗香林教授专辑》（第 13 辑），1989 年。

7. 颜清湟：《新马华人社会史》，北京：中国华侨出版公司 1991 年版。

8. 钟最生主编：《梅县华侨志》，1991 年（未正式出版）。

9. 李逢蕊主编：《胡文虎研究专辑》，1992 年（未正式出版）。

10. 陆集源：《我国第一条外商投资建设的铁路——潮汕铁路》，《交通世界》1993 年第 3 期。

11. 杨启光：《〈邦加的锡与胡椒〉———一部印尼华人研究新著的启示》，《华侨华人历史研究》1993 年第 3 期。

12. 丘菊贤：《客家迁徙南洋论略》，《河南大学学报》（社会科学版）1994 年第 3 期。

13. 晁中辰：《明后期隆庆开放与华侨出国》，《华侨华人历史研究》1994 年第 2 期。

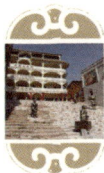

14. 饶宗熙：《论〈明史·外国传〉记张琏逃往三佛齐之讹》，黄挺编：《饶宗熙潮汕地方史论集》，汕头：汕头大学出版社1996年版。

15. 《广东省志·华侨志》，广州：广东人民出版社1996年版。

16. 《梅州市华侨志》，梅市准印字〔2001〕第073号，2001年。

17. 杨国桢：《十七世纪海峡两岸贸易的大商人——商人Ham-buan文书试探》，《中国史研究》2003年第2期。

18. 乔兆红：《华侨与南洋劝业会》，《文史哲》2003年第2期。

19. 谢映明：《广东唐代青瓷名窑——水车窑》，《岭南文史》2004年第1期。

20. 冷东：《郑和下西洋与岭南关系述论》，《广州大学学报》（社会科学版）2006年第1期。

21. 程贤章：《对话唐代水车窑　守望客家精神家园》，《梅州日报》，2006年6月9日。

22. 古小彬：《海南客家》，桂林：广西师范大学出版社2008年版。

23. 李国泰：《寻祖溯源八百春——从梅县塘头下李氏家族存契看客家在梅州发展历程》（未刊稿）。

24. 刘达标：《世事变迁·不再气派的"番客"》，《梅州日报》，2013年8月15日第7版。

25. 李锦让、肖根平：《岁月如歌：母亲桥的述说》，《嘉应文学》2014年第9期。

26. 张海涛：《从耕田侪到南洋富商——享誉兴宁的越柬侨领张价城兄弟》，《梅州日报》，2015年1月14日第8版。

27. 《兴宁华侨志》、《大埔华侨志》、《平远华侨志》（皆未正式出版）。

28. 《嘉应侨史》、《侨乡月报》、《梅县侨声》、《梅州文史》。

29. 梅州各县政协编辑的文史及文史资料。

30. 20世纪90年代初梅州各县新编的县志。

客家文化丛书

参考文献

后 记

本书由丛书主编拟题，韩小林负责策划和协调，魏明枢撰写和配图，是广东省哲学社会科学"十二五"规划 2014 年度特别委托项目（"广东华侨史"工程专题研究项目）"印尼客家研究"（批准号：GD14TW01－25）课题的初期成果。

从 2014 年春末接到任务后，笔者便开始着手查找资料、撰写提纲，在 2014 年暑假完成初稿后，又在调研和考察的进程中不断补充、完善，经过许多次的修改，至今已将近一年。初稿出来后，曾令存教授通读了全稿，并给予许多建议，谢谢！

本书材料的搜集可追溯到 2000 年，当时为写作梅州华侨史和客家海外移民史，曾做过大量的准备工作，产生了一批研究成果。缘此，本书的写作任务得以较快完成。

在写作的进程中，笔者还做了大量的调研和考察，有些资料来源于某些新设景点和景区，每一次考察回来便开始对一批资料进行挑选、编辑和补充。

本书图片部分由魏明枢拍摄，部分则是摘转而来。由于篇幅及通俗体裁所限，除部分注明其网络出处外，其余不能一一指明具体出处，笔者对此谨表谢意和歉意。

本书的资料收集和写作要感谢很多人的帮忙。饶淦中、李国泰两位长期工作在侨务和侨报战线上的大哥，曾给予过大量的资料和指导；各县侨务和侨联部门亦都曾赠予资料。谢谢！

虽说这是一本通俗读物，可也凝聚着笔者学术探索的初衷，是笔者大量心血的结晶。由于篇幅所限，许多参考资料未能一一列出（有些可以参考笔者的相关论著）。笔者对于学术前辈们的付出表示最高的敬意和衷心的感谢！

作者
2015 年 3 月 23 日于梅江碧桂园

客家文化丛书

后记